LEKTÜRESCHLÜSSEL
FÜR SCHÜLERINNEN UND SCHÜLER

Max Frisch

Biedermann und die Brandstifter

Von Bertold Heizmann

W0356465

Reclam

Dieser Lektüreschlüssel bezieht sich auf folgende Textausgabe: Max Frisch: *Biedermann und die Brandstifter*. Frankfurt a. M.: Suhrkamp, ^{14}1973 [u. ö.]. (edition suhrkamp. 41.)

RECLAMS UNIVERSAL-BIBLIOTHEK Nr. 15330
Alle Rechte vorbehalten
© 2003 Philipp Reclam jun. GmbH & Co. KG, Stuttgart
Gesamtherstellung: Reclam, Ditzingen
Printed in Germany 2017
RECLAM, UNIVERSAL-BIBLIOTHEK und
RECLAMS UNIVERSAL-BIBLIOTHEK sind eingetragene
Marken der Philipp Reclam jun. GmbH & Co. KG, Stuttgart
ISBN 978-3-15-015330-7

www.reclam.de

Inhalt

1. Erstinformation zum Werk

»Uns kommt nur noch die Komödie bei«[1] – mit diesen Worten hat Frischs berühmter Zeitgenosse und Schriftstellerkollege Friedrich Dürrenmatt die Anforderungen an den Theaterschriftsteller der Nachkriegszeit formuliert. Dies klingt angesichts des Kalten Krieges, der nach den Schrecken des Zweiten Weltkrieges schon bald die Hoffnung auf einen dauerhaften Frieden zunichte machte und eine globale Zerstörung durch die Atombombe zumindest denkbar erscheinen ließ, wie ein makabrer Scherz, zumal die Stücke, auf die sich Dürrenmatts Worte beziehen lassen, seine *Physiker* und *Der Besuch der alten Dame,* ein eher pessimistisches Zukunftsbild entfalten. Dennoch lässt sich die Bezeichnung »Komödie« darauf anwenden; Dürrenmatt selbst nannte seinen *Besuch der alten Dame* eine »tragische Komödie«, d. h., die tragischen Elemente des Stückes werden den komischen oder komödiantischen untergeordnet. Als eine »tragische Komödie« ließe sich auch Frischs *Biedermann und die Brandstifter* bezeichnen; Frisch, der Dürrenmatts *Alte Dame* als »das größte Stück deutscher Sprache seit Brecht«[2] bezeichnet hat und bekannte, er hätte »seinen Biedermann nicht geschrieben, wenn [er] [s]einen Freund nicht so herzlich beneiden könnte wie zurzeit keinen andern«[3], hatte bereits seine Prosaskizze im Tagebuch von 1948, den ersten Entwurf der Geschichte von den Brandstiftern, mit dem Titel »Burleske« versehen und damit deutlich gemacht, dass es ihm auf derbe Komik und auf Karikatur ankam.[4]

Eine »tragische Komödie«

Angesichts der ernsthaften Thematik – immerhin geht nicht nur Biedermann unter, sondern eine ganze Stadt, und die Feuerkatastrophe weitet sich nach Frischs eigenen Worten zum »Weltbrand«[5] aus – stellt sich die Frage: »Was soll da noch zum Lachen sein?«[6] Wird das Drama des unbelehrbaren biederen Bürgers, der schmählich zugrunde geht, nicht durch allzu viel Heiterkeit entwertet? – Die Frage kann getrost verneint werden. Die Lächerlichkeit der dargestellten Handlung reizt den Zuschauer zum Lachen, aber das Lachen bleibt ihm gewissermaßen im Halse stecken, so wie dem Hauptdarsteller selbst, als er kurz vor dem Ende sagt: »Scherzen wir nicht länger über Brandstifterei« und zur Antwort erhält: »Wir scherzen ja nicht, Herr Biedermann« (80). Denn der Zuschauer erkennt, dass er selbst gemeint ist; er kann nicht sagen: Eine solche Situation stellt sich für mich nicht. Zivilcourage ist ein moralischer Wert, den wir alle für uns reklamieren. Aber wir werden uns fragen müssen, ob es nicht Situationen gegeben hat, in denen wir unsere Zivilcourage dem bequemen Opportunismus geopfert haben, und die Katastrophe Biedermanns zeigt uns, dass wir vielleicht allzu leichtfertig mit mahnenden Vorzeichen umgehen. Auch die witzig wirkenden Sprüche der beiden Brandstifter machen diese nicht weniger gefährlich – im Gegenteil, wir erkennen (vielleicht erst, wenn es schon zu spät ist), dass sie ihr »Possenspiel« auf unsere Kosten getrieben haben. Um uns, also die ›normalen‹ Zuschauer, didaktisch zu erreichen, wären Stil und pathetische Sprache der herkömmlichen Tragödie unangebracht. Max Frisch nähert sich deshalb, wie Martin Esslin schreibt, dem ›schwarzen Humor‹ des absurden Theaters, »das Gegenwartsprobleme in die Form desillusionierender Tragikomödien kleidet«[7].

Scherz und Ernst

Die vielfältigen Interpretationsmöglichkeiten, die das Stück gerade im Hinblick auf politische Vorkommnisse gibt und ihm somit eine bleibende Aktualität gewährleisten, sind jeweils nur Ausformungen der Tragödie menschlichen Versagens angesichts der Bedrohung durch Gewalt. Die humoristischen Züge mindern diese Bedrohung nicht ab, sie lassen sie eher noch schärfer hervortreten.

Max Frisch vermischt also komische und tragische Elemente, so wie er auch antike und moderne Mittel – sowohl der Sprache als auch der Ausstattung – miteinander vermengt. Gerade durch diese Mischung ist ihm ein äußerst bühnenwirksames Stück gelungen; es ist, wie Karl Korn anlässlich der Uraufführung 1958 in der *Frankfurter Allgemeinen Zeitung* schrieb, »mit hinreißender Komödienbrillanz aufgebaut und formuliert«[8], so dass es sich zu Recht als ›Klassiker‹ im Reigen der deutschen Schullektüren behauptet.

»Hinreißende Komödienbrillanz«

2. Inhalt

Das Stück spielt in einer unbenannten Stadt, die seit einiger Zeit von Brandstiftungen heimgesucht wird. Gottlieb Biedermann, ein Haarwasserfabrikant, ist ein angesehener Bürger dieser Stadt, der sich zwar ausdrücklich gegen die Brandstiftungen ausspricht und drastische Bestrafung der Verbrecher verlangt (»Aufhängen sollte man sie«, 10), der aber letztlich durch sein feiges Verhalten zum Handlanger der Brandstifter wird und damit seinen eigenen Untergang sowie den der ganzen Stadt herbeiführt.

Biedermanns Mitschuld

Biedermann, mit den Attributen eines perfekten Spießbürgers ausgestattet, sitzt zu Beginn der Handlung »in seiner Stube und liest die Zeitung, eine Zigarre rauchend«, und ist im Begriff eine Flasche Wein zu öffnen; dabei schimpft er über die zunehmende Zahl von Brandstiftungen, von denen er in der Zeitung liest und die immer nach dem gleichen Muster ablaufen: »Wieder so ein Hausierer, der sich im Dachboden einnistet« (10). Just in diesem Moment meldet das Dienstmädchen einen Hausierer, der, mit der Behauptung Biedermann zu kennen, sich nicht habe abweisen lassen und beharrlich nach »Menschlichkeit« (11) verlangt habe. Biedermann verstrickt sich hier in erste Widersprüche: Er möchte auf keinen Fall angesichts der gegenwärtigen Bedrohungen jemanden »ins Haus lassen«, aber er will auch »kein Unmensch« sein, deshalb solle der Hausierer »im Flur draußen warten« (11). Doch es ist bereits zu spät, der »Athlet« Josef Schmitz, dessen »Kostüm [...] halb an Strafanstalt und halb an Zirkus« erinnert (11), hat die Stu-

Der erste Brandstifter nistet sich ein

be bereits betreten. In einer bemerkenswerten Mischung aus Dreistigkeit, Drohungen und Schmeicheleien bringt er Biedermann dazu, ihn wie einen Gast zu behandeln und von ihm schließlich sogar die Erlaubnis zu erhalten, auf dem Dachboden nächtigen zu dürfen. Der überrumpelte Biedermann geht sogar so weit, sich zum Komplizen des Eindringlings zu machen, indem er die Spuren des unverhofften Besuchs sowie dessen Aufenthalt in seinem Haus vor seiner Frau verbirgt. Zuvor noch hat er einen Mitarbeiter seiner Fabrik, dem er zu Unrecht gekündigt hatte und der jetzt Hilfe suchend an die Tür kommt, weil er und seine Familie sich in einer verzweifelten Situation befinden, durch das Dienstmädchen kalt und herzlos abweisen lassen.

Biedermann macht sich zum Komplizen

Noch ist der »nächtlichen Stadt« (23), die von den Feuerwehrleuten bewacht wird, nichts geschehen. Am nächsten Morgen lässt sich auch Babette, Biedermanns Frau, von Schmitz, der eine rührende Geschichte seiner »Jugend in den Köhlerhütten« (26) auftischt, davon abbringen, diesem wieder die Tür zu weisen. Dann taucht auch schon der zweite Brandstifter auf: Willi Eisenring, der früher Oberkellner im »Metropol« war, »bevor's niedergebrannt ist« (30). Beide rollen die ganze Nacht, zwar »leise! leise!« (34), aber doch unter unumgänglichem Gepolter, Fässer auf den Dachboden. Biedermann, der sich vorgenommen hat, Schmitz vor die Tür zu setzen, stellt erstaunt die Anwesenheit eines zweiten Dachbodenbewohners fest. Dieser tut so, als mache er Schmitz Vorwürfe, nicht in aller Form bei Biedermann auch um seine Aufnahme gebeten zu haben. Biedermann zeigt sich »sprachlos« (38) ob der vielen Fässer, die sich inzwischen auf seinem Dachboden stapeln,

Der zweite Brandstifter taucht auf

zumal die Aufschriften deutlich machen, dass diese Fässer Benzin enthalten. Obwohl aber Eisenring dies bestätigt, will Biedermann es immer noch nicht glauben (»Machen Sie keine Witze!«, 39) und wird jetzt zum zweiten Mal Komplize der Verbrecher: Inzwischen ist nämlich ein Polizist eingetreten und überbringt die Meldung, dass Biedermanns früherer Mitarbeiter Knechtling sich in der vergangenen Nacht das Leben genommen hat. Statt die Gelegenheit zu nutzen und seine wiederholt ausgestoßene Drohung, die Polizei einzuschalten, wahr zu machen, gibt er dem Polizisten auf dessen Frage, was »denn in diesen Fässern da« sei, die Antwort: »... Haarwasser ...« (42).

Biedermann verpasst seine Chance

In einem längeren Zwischenspiel, in dem sich die Ebenen der realen Handlung und der Vorstellungswelten Biedermanns sowie der Zuschauer, die durch den Chor repräsentiert werden, vermischen, schlägt Biedermann die Mahnungen des Chors in den Wind; er habe »zurzeit andere Sorgen« – und denkt dabei an die Frage, wieweit er möglicherweise für den Tod Knechtlings verantwortlich gemacht werden kann –; außerdem will er seine »Ruhe und [s]einen Frieden haben, nichts weiter« (47). Schließlich wirft er dem Chor Schwarzseherei vor (»Defaitismus«, 49); er will trotz seiner Bedenken gegenüber den beiden Fremden, die er sogar als »die beiden Halunken« (48) bezeichnet, sich sein »bißchen Vertrauen« (47) nicht zerstören lassen.

So verlebt Biedermann auch die nächste Zeit: Einerseits kann er wegen seiner Befürchtungen nachts nicht schlafen, andererseits ist es bereits für ein entschlossenes Handeln zu spät. Deshalb möchte er »die beiden Gesellen« (51) zu Freunden gewinnen, indem er sie zum Essen einlädt. Die Brandstifter machen jetzt überhaupt keine Anstalten mehr, ihr Vorhaben zu tarnen oder abzustreiten, im Gegenteil: Sie wissen, dass das Aussprechen der »blanke[n] und nackte[n] Wahrheit [...] die beste und sicherste Tarnung« ist: »Die glaubt niemand« (54). In der Tat verschließt Biedermann auch weiterhin die Augen vor den Tatsachen, obwohl Eisenring nicht nur mit Zündkapsel und Zündschnur hantiert, sondern auch Biedermann ermahnt, nicht zu rauchen und ihn schließlich sogar bittet, die Zündschnur zu halten, damit er besser messen könne. Biedermann wirbt weiterhin um die Freundschaft der Verbrecher. Gleichzeitig aber lässt er der Witwe Knechtling über das Hausmädchen ausrichten, sie dürfe sich keine Hoffnungen auf finanzielle Unterstützung machen. Etwas später komplimentiert er sie selbst hinaus; er habe »keine Zeit«, um sich »mit Toten zu befassen« (63).

Ein dritter Brandstifter: der »Dr. phil.«

Ein Dritter hat sich inzwischen, von Biedermann unbemerkt, im Dachboden eingenistet, der »Dr. phil.«, der während der Abwesenheit von Schmitz und Eisenring, die Biedermanns Einladung annehmen wollen, aufpassen soll, dass »keiner hereinkommt und raucht. [...] Bevor's Zeit ist« (59). In einer weiteren Zwischenszene, in der Babette Biedermann und der Dr. phil. zusammen mit dem Chor auftreten, werden noch einmal die Positionen benannt: Babette äußert Zweifel, ob die Vorgehensweise ihres Mannes, sich die »Halunken« (61) zu Freunden zu machen, richtig ist, und der Dr. phil. wird als der »Weltverbesserer« bestätigt, als den ihn bereits Eisenring spöttisch bezeichnet hatte (59), also als jemand, dem es »um die Idee« (61) gehe.

In die Vorbereitungen zum abendlichen Gänseessen, während deren Biedermann sich krampfhaft bemüht, seinen Haushalt im Hinblick auf die zu erwartenden proletarischen Gäste nicht allzu protzig erscheinen zu lassen, platzt die

Lieferung eines Kranzes, den Biedermann zuvor für die Beerdigung Knechtlings bestellt hatte. Einem fatalen Missverständnis zufolge ist der Kranz nämlich an Biedermann, dafür aber die Rechnung an die Witwe Knechtling gegangen, und auf der Schleife des Kranzes steht zudem: »UNSEREM UNVERGESSLICHEN GOTTLIEB BIEDERMANN« (65). Nach kurzer Irritation setzt Biedermann seine Anweisungen an das Dienstmädchen fort, um sicherzustellen, dass es in der Wohnung möglichst schlicht und »nicht alles so ordentlich« (66) aussieht. – Aus dem Gespräch zwischen Schmitz und Eisenring geht hervor, dass sie vorhaben, noch in derselben Nacht das Haus anzuzünden.

Das Abendessen

Es kommt zu dem gemeinschaftlichen Abendessen, bei dem Eisenring, der frühere Kellner, allerdings gerade die Dinge vermisst, auf die er »im Gefängnis« (70) habe verzichten müssen: Servietten, Tischtuch, Messerbänkchen usw. Biedermann tut so, als sei das Fehlen dieser Requisiten die Schuld des Dienstmädchens. Er amüsiert sich über die Sprüche der beiden Gäste, gerade weil diese sich um Brandstiftung, Putzfäden und Holzwolle drehen. Seiner Frau, die darüber nicht lachen kann, wirft er vor, »keinen Humor« (68) zu haben und beteuert, dass er von seinen Gästen nicht »für einen ängstlichen Spießer, der keinen Humor hat« (69), gehalten werden möchte. In die immer fröhlicher werdende Runde hinein meldet das Dienstmädchen den Besuch des Dr. phil., der aber noch nicht vorgelassen wird. Schmitz lässt sich von Eisenring auffordern, mit Hilfe des über den Kopf geworfenen Tischtuchs einen Geist zu spielen, d. i. eine Rolle, die er angeblich vorher schon bei einem Engagement beim Theater gespielt hat (»Ich war nur eine Woche beim Theater, Madame, dann ist es niedergebrannt –«, 75). Er führt in Anlehnung an verschiedene literarische Vorbilder, insbesondere Hofmannsthals *Jedermann*, einen Mummenschanz auf, indem er mit den Namen »JEDERMANN« und »BIEDERMANN« ein makabres Spiel treibt, das damit endet, dass er sich selbst als den »GEIST – VON KNECHTLING« (76f.) bezeichnet. Diese Geschmacklosigkeit wird von Eisenring zwar vordergründig gerügt, aber Biedermann nimmt Schmitz die Entgleisung nicht übel. Sie trinken und prosten sich zu. Als draußen Sirenen hörbar werden und Brände ankündigen, tröstet Biedermann sich noch: »Wenigstens nicht bei uns ...« (79). Immer dreister bekennen die beiden Gäste, Brandstifter zu sein, und immer verzweifelter klammert sich Biedermann an die Hoffnung, alles sei nur ein übler Scherz. In einer grotesken Verkehrung der Verhältnisse – die Brandstifter sollen ihm glauben, dass er sie nicht für Brandstifter hält – überreicht er ihnen »als Zeichen des Vertrauens« (81) Streichhölzer. Als die beiden, denen nur noch dieses letzte Utensil zur Vollendung ihres Werks gefehlt hat, gehen wollen, bietet er ihnen in einem letzten Versuch, sie sich zu Freunden zu machen, das Du an. Diese nehmen zwar an, verabschieden sich aber dennoch bald danach. Zwischenzeitlich haben sich die Brände ringsherum intensiviert; in die aufkommende Unruhe und das Sirenengeheul hinein tritt der Dr. phil. auf und verliest ein Schriftstück, aus dem lediglich vernehmbar wird, dass er sich von der Tat distanziert, denn er habe zwar gewusst, was die Verbrecher auf dem Dachboden vorgehabt hätten, aber nicht, dass sie ihr Werk »aus purer Lust« (83) verübten. Der letzte Dialog des Stückes findet zwischen Biedermann und seiner Frau statt;

Schmitz' Auftritt als »Geist von Knechtling«

Biedermann händigt den Brandstiftern selbst die Zündhölzer aus

Biedermann bleibt bis zuletzt unbelehrbar

diese hat gesehen, dass er den Brandstiftern Streichhölzer ausgehändigt hat, aber auch jetzt noch gibt sich Biedermann unbelehrbar und meint seine Frau von oben herab beruhigen zu müssen: »Wenn die wirkliche Brandstifter wären, du meinst, die hätten keine Streichhölzer? …« (84). Gleich darauf bricht auch in seinem Haus das Feuer aus, das alles vernichten wird, und zum letzten Mal tritt der Chor auf, der die Sinnlosigkeit des Ganzen beklagt.

3. Personen

Ein Theaterschriftsteller hat eine Vorentscheidung zu treffen, ob er in seinem Stück Typen oder Charaktere auftreten lässt. Typen sind Stellvertreter für bestimmte Auffassungen oder Positionen innerhalb der Gesellschaft; sie ändern sich im Verlauf der dramatischen Handlung nicht, ihr Handeln ist vorhersehbar. Charaktere dagegen sind so angelegt, dass sie sich im Laufe der Handlung entwickeln; der Zuschauer hat an diesen inneren Vorgängen Anteil und leidet mit ihnen. Max Frischs Figuren sind in diesem Sinne eher **Typen:** Biedermann ist der typische Kleinbürger, Anna das typische Dienstmädchen usw. Sie sind zwar mit Details ausgestattet, die sie als Menschen aus Fleisch und Blut erscheinen lassen. Dies erreicht der Autor, indem er – mit sicherem Gespür für Bühnenwirksamkeit – seine Personen mit individuellen Eigenschaften versieht, die sie uns näher bringen. Aber dennoch gilt, dass sie in erster Linie **Funktionsträger** sind. Dies wird schon durch die Nennung im Personenverzeichnis deutlich; es heißt »*ein* Dienstmädchen«, »*ein* Polizist«, »*ein* Dr. phil.« usw. (6), um anzuzeigen, dass die auftretenden Figuren Stellvertreter für *alle* Dienstmädchen oder Polizisten usw. sind.

Frischs Personen – Typen oder Charaktere?

Theaterfiguren lassen sich in der Regel danach beurteilen, wie sie sich verhalten. In unserem Stück gibt es für den Leser bzw. Zuschauer noch eine weitere Möglichkeit der Beurteilung, nämlich durch den Chor, der mit seinem Kommentar zum Verhalten ebenfalls zur Einschätzung der Personen beiträgt. Allerdings sind diese Beurteilungen nicht frei von Ironie und müssen deshalb mit Vorsicht aufgenommen werden.

Die Hauptfiguren

Biedermann – der typische Spießbürger

Gottlieb Biedermann, dessen Name Programm ist (zu Frischs »sprechenden Namen« s. Kap. 5: Wort- und Sacherläuterungen), wird von Anfang an als der typische Spießbürger vorgestellt. Er ist ein wohlhabender Haarmittelfabrikant. Er bewohnt mit seiner Frau ein großes Haus und beschäftigt ein Dienstmädchen. Zu seinem Reichtum ist er offensichtlich aber nicht nur durch Fleiß gelangt, sondern eher durch Betrug. Denn über sein Haarwasser sagt er mit bemerkenswerter Offenheit, die Leute könnten sich stattdessen »ebensogut ihren eigenen Harn […] auf die Glatze streichen« (25). In seinem Geschäft ist er skrupellos. Das zeigt sich in der Szene mit dem Angestellten Knechtling: Dieser hat eine Erfindung gemacht, die der Firma zugute kommt; Biedermann aber will ihn nicht dafür honorieren und betrügt ihn um den Lohn für seine Erfindung, indem er ihn entlässt. Obwohl er weiß, dass sein Angestellter eine kranke Frau und drei Kinder hat, scheint ihn dies kalt zu lassen. In Anwesenheit des Ringers Schmitz spielt er den harten Chef, der beweisen möchte, dass er sich durch nichts beeindrucken lässt; er, der sich gerade von Schmitz schmeicheln ließ, er besäße, im Gegensatz zu den meisten Menschen heutzutage, noch »Zivilcourage« (14) oder ein »regelrechtes Gewissen«, lässt jetzt den Hilfe

Gegensatz: scheinbare Ehrlichkeit – betrügerisches Geschäftsgebaren

suchenden Knechtling vom Dienstmädchen an der Haustür abweisen, er solle »sich unter den Gasherd legen oder einen Anwalt nehmen« – obwohl er genau weiß, dass Knechtling sich keinen Anwalt wird leisten können. Die makabre Realität wird vielmehr die sein, dass Knechtling sich in seiner Verzweiflung tatsächlich selbst umbringt, indem er den ›Rat‹ Biedermanns, sich unter den Gasherd zu legen, befolgt. Aber die Nachricht vom Tod seines Mitarbeiters berührt Biedermann nicht; er weist auch später die Witwe, die ihn aufsucht, um ihn in einem letzten verzweifelten Versuch milde zu stimmen, herzlos und brüsk zurück: er habe »keine Zeit«, um sich »mit Toten zu befassen« (63) – dies sagt er zu einem Zeitpunkt, an dem er beschäftigt ist, das Abendessen vorzubereiten, zu dem er die beiden Verbrecher geladen hat und das sein letztes sein wird.

Hauptmerkmal: Feigheit

Die Skrupellosigkeit im Geschäftsgebaren paart sich im privaten Leben mit **Feigheit.** Dies zeigt sich schon beim allerersten Auftreten, noch vor der eigentlichen Haupthandlung, als er beim Anblick des Chors, also der Feuerwehrmänner, die ja ihn und die Stadt beschützen sollen, ängstlich die rauchende Zigarre verbirgt. Die erste Szene zeigt ihn dann erneut eine Zigarre rauchend; bei der Lektüre der Zeitung findet er starke Worte: »Aufhängen sollte man sie. Hab ich's nicht immer gesagt?« (10). Vordergründig erweist er sich als Anhänger von Recht und Ordnung, aber bei genauerem Hinsehen entlarvt sich sein geradezu faschistoides Gebaren: Er scheint nicht zu realisieren, dass die Todesstrafe (und erst recht die altertümliche Form des Aufhängens) längst abgeschafft ist, und er richtet seine Forderung an ein unpersönliches »man« – er hat »es« zwar »immer gesagt«, aber selbst möchte er sich nicht die Hände schmutzig machen. Dieser Widerspruch zwischen großmäulig zur Schau gestellter Zivilcourage und letztlich feiger Ichbezogenheit wird schon kurz darauf von Schmitz entlarvt, der Biedermann am Vorabend in der Gaststätte am »Stammtisch« gehört hat, wie er seine Forderung nach Aufhängen der Brandstifter lauthals gestellt und unter Beifall der »ganze[n] Wirtschaft« dabei mit der Faust auf den Tisch geschlagen habe (14). Indem der Verbrecher Biedermanns deutliche Worte wiederholt und sie als »das Einzigrichtige«, das man in der derzeitigen Situation sagen könne, bezeichnet, zieht er Biedermann auf seine Seite (»Männer wie Sie, Herr Biedermann, das ist's, was wir brauchen!«); dieser bemerkt trotz der offenkundigen Speichelleckerei die Ironie nicht und fühlt sich geschmeichelt und verlegen. Er verfällt somit der geschickten Strategie des Brandstifters, der es immer wieder glänzend versteht, ihm den Wind aus den Segeln zu nehmen. Dadurch werden die ihm von Schmitz unterstellten Attribute wie »Zivilcourage« und »Gewissen« ständig *ad absurdum* geführt. »Zivilcourage« hätte Biedermann an den Tag legen, seinen Worten Taten folgen lassen können. Sein feiger Charakter zeigt sich aber gerade darin, dass er trotz seines nach wie vor vorhandenen Misstrauens immer mehr Gründe sucht, um sein eigenes Tun zu rechtfertigen. Er will kein »Unmensch« sein (20), sagt er zu Schmitz – nachdem er sich längst zu dessen Sklaven gemacht hat. Dem Dienstmädchen gegenüber hatte er noch vor wenigen Minuten den gleichen Wortlaut gebraucht: »ich bin kein Unmensch, aber – ich bin kein Unmensch, Anna, das wissen Sie ganz genau! – aber es kommt mir keiner ins Haus« (11). Die Feigheit tritt besonders deutlich hervor, nachdem er Schmitz erlaubt hat, auf dem Dachboden zu nächtigen, und Angst davor haben muss, dass seine Frau, die wegen einer angeblichen Herzkrankheit keine Aufregung verträgt, über sein Handeln entsetzt sein wird. Er hilft jetzt sogar seinem ungebetenen Gast, dem er schon zuvor Zigarren und Wein angeboten hat, bei dem heimlichen Bezug des Dachbodens. Absurd wirkt dabei die Bedingung, die er stellt: »Kommen Sie! ... Aber unter einer Bedingung, mein Herr: Kein Lärm! Meine Frau ist herzkrank« (20). Er nimmt nicht wahr, dass er bereits die Position der Stärke verspielt hat, in der er Bedingungen stellen könnte. Und genau so absurd wirkt es, dass er Schmitz das Versprechen abnehmen will, »wirklich kein Brandstifter« zu sein (21) – worauf Schmitz noch nicht einmal antwortet, sondern lediglich lacht.

Die Widersprüchlichkeit des Charakters wird erneut in dem Gespräch mit seiner Frau deutlich. Trotz seiner nur schlecht verhohlenen Zweifel nimmt er Partei für den neuen Hausgenossen und damit für sich selbst: »Das ist ja zum Verrücktwerden, ihr mit euren Brandstiftern die ganze Zeit« – und: »Wenn man jedermann für einen Brandstifter hält, wo führt das hin? Man muß auch ein bißchen Vertrauen haben, Babette, ein bißchen Vertrauen –« (24). Da der Zuschauer inzwischen weiß, dass es mit Biedermanns Vertrauen nicht weit her ist, empfindet er diese Sätze als deplatziert und als Ausdruck der Angst und der Feigheit. Der Chor gibt ihm im Zwischenspiel (32f.) Recht: Biedermann wird dort als der »Ängstliche« bezeichnet, der zwar zunächst »kampfmutig«, wenn auch »schreckhaft«, erscheint, aber letztlich »blinder als blind« ist und nur noch von der Hoffnung lebt, dass das, was »in seine Stube« eintrat, nicht »das Böse« sei.

»Blinder als blind«

Angesichts des Zwiespalts, in dem sich Biedermann befindet, könnte man die Frage diskutieren, ob er eine **tra-**

Biedermann – eine tragische Figur?

gische Figur sei. Denn im Grunde weiß er ja, wen er da in sein Haus gelassen hat, und ist nur zu schwach, um das Unheil abzuwehren. Aber Max Frisch trägt schon früh dazu bei, dass sich das Mitgefühl des Zuschauers in Grenzen hält. Denn Biedermann nimmt das – selbst verschuldete – Schicksal nicht auf sich, sondern versucht immer wieder, die Verantwortung abzuwälzen. Ließe sich seine Nachgiebigkeit gegenüber Schmitz noch als »Gutmütigkeit« erklären und damit rechtfertigen, wie seine Frau es tut (»Du bist zu gutmütig«), so zerstört Biedermann diesen eigentlich positiven Eindruck sofort, indem er Babettes Absicht, den nächtlichen Besucher »in aller Freundlichkeit [...] auf den Weg« zu schicken (24 f.), sofort unterstützt (»Tu das«, 25) und Eile vortäuscht. Bevor er jedoch geht (er hat einen Anwaltstermin in der Sache Knechtling), greift er den Ausdruck seiner Frau noch einmal auf: »Ich bin zu gutmütig, du hast recht« und zeigt sofort danach sein wahres Gesicht: »diesem Knechtling werde ich die Kehle schon umdrehn« (25). Obwohl just in diesem Moment der Brandstifter auf der Bildfläche erscheint, den seine Frau ja bisher noch gar nicht kennen gelernt hat, lässt er die beiden allein, offenbar in der Hoffnung, seine Frau werde die Situation schon bewältigen.

Dieses Verhalten wiederholt sich noch einige Male: Biedermann zeigt vehement seine Entrüstung über die immer deutlicher werdenden Signale, dass es sich bei den Eindringlingen um Brandstifter handelt, aber er verstrickt sich dabei immer mehr in das von Schmitz geschickt ausgelegte Netz des Selbstbetrugs, so dass er sogar die Chance verstreichen lässt, die beiden Verbrecher endgültig loszuwerden, als der Polizist ihn aufsucht. Er hat den Zeitpunkt der Umkehr verpasst und muss das unwürdige Spiel mitspielen.

Er ist also keineswegs ein tragischer Charakter, der unser Mitleid verdiente. Er ist vielmehr eine lächerliche Figur, eine Karikatur der spießbürgerlichen Existenz. Dennoch ist er von Max Frisch nicht so gezeichnet, dass man nur Unverständnis und Abscheu für ihn empfände. Er ist vielmehr eine Figur, in der wir uns, zumindest teilweise, selbst wiederfinden sollen. Dies wird in der Szene deutlich, die im Zentrum des Stückes steht (vgl. Kapitel 4: Die Struktur des Werks). Biedermann sieht sich hier dem Chor und dessen Vorhaltungen ausgesetzt. Der Chor äußert zunächst durchaus Verständnis für ihn: Er lese ja Zeitungen, um sich über das, »was gestern geschah« (44), zu informieren, vernachlässige dabei allerdings das »eigene Sinnen«, deshalb durchschaue er *»schwerlich«* das, »was eben geschieht / Unter dem eigenen Dach«. Und noch deutlicher heißt es kurz darauf: »*Ungern* durchschaut er's, denn sonst –« (Hervorhebungen vom Verf.). Der Satz bleibt unvollendet; der Zuschauer wird ihn jedoch leicht ergänzen können: »denn sonst müsste er sich eingestehen, die Katastrophe sehenden Auges selbst herbeigeführt zu haben.« Biedermann redet sich heraus, er habe sich nichts gedacht, ja, er habe das Recht, »überhaupt nichts zu denken« (46). Er beruft sich auf das Grundrecht jedes Demokraten auf seine Privatsphäre: Was unter seinem Dach geschehe, gehe niemand etwas an. Und schließlich ruft er die früheren Rechtfertigungsfloskeln wieder ab: »Ein bißchen Vertrauen […] muß man schon haben, ein bißchen guten Willen« (47). Geradezu verzweifelt ringt er um Verständnis für seine Lage: »Ich kann nicht Angst haben die ganze Zeit!« (48). Lieber belügt er sich

Wir sind alle Biedermänner

selbst weiter, denn er weiß ja im Grunde genau, was ihm bevorsteht: »Ich bin ja nicht blöd. Benzin ist Benzin« (48). Aber sein Bekenntnis mündet eben nicht in die längst fällige Aktion (»ich war drauf und dran, die beiden Halunken zu wecken und auf die Straße zu werfen – mitsamt ihren Fässern! – eigenhändig, rücksichtslos, mitten in der Nacht!«), sondern versandet in einer lahmen Entschuldigung, die zugleich eine Schuldzuweisung ist: »Ich war drauf und dran, ja – wäre meine Frau nicht gekommen, die fürchtete, daß ich mich erkälte« (48). Als der Chor das zuvor abgelegte Bekenntnis Biedermanns, er wisse über den Inhalt der Fässer Bescheid, aufnimmt, streitet Biedermann dies wieder ab, was der Chor mit den Worten kommentiert: »So schon gewohnt ist er bösen Geruch« (49, erneut 50).

Eine Zusammenfassung des Biedermannschen Charakters liefert der Chor: »Schwer hat es, wahrlich, der Bürger! / Der nämlich, hart im Geschäft, / Sonst aber Seele von Mensch, / Gerne bereit ist, / Gutes zu tun« (49). Der erste Vers wirbt um Verständnis für den »Bürger« Biedermann. Die Härte, die Biedermann im Geschäftsleben an den Tag legt, scheint ihm nachgesehen zu werden, sei er doch sonst eine »Seele von Mensch«. Dieser positive Eindruck wird aber sofort zerstört, denn der Chorführer fügt auf den letzten Satz lakonisch hinzu: »Wo es ihm paßt«.

Opportunismus

Somit wird Biedermann als der Opportunist, der er ist, erneut bloßgestellt. Aber der Chor in Gestalt des Chorführers lässt doch bis zum Schluss Verständnis für ihn durchblicken, denn: »Der die Verwandlungen scheut / Mehr als das Unheil, / Was kann er tun / Wider das Unheil?« (50). Indem die Antwort ausbleibt, wird unterstellt, dass Biedermann gerade aufgrund seiner bürgerlichen Spießigkeit, seiner gedankenlosen Normalität, die er mit vielen von uns teilt, gar nicht anders handeln *kann.*

Genauso wie Biedermann sind auch die beiden Brandstifter **Schmitz** und **Eisenring** stark typisiert. Sie sind die Kontrahenten und Antipoden Biedermanns. Trotz unterschiedlicher sozialer Herkunft repräsentieren sie einen relativ einheitlichen Typus; insofern ist ihre jeweilige Individualität von geringem Interesse, die Zeichnung ihres Charakterbildes konzentriert sich vielmehr darauf, wie es ihnen gelingt, den erklärten Gegner Biedermann letztlich zu ihrem Handlanger zu machen.

Die äußeren Details sind eher nebensächlicher Natur, zumal bei beiden die Darstellung ihrer Lebensgeschichte mehr dem Zweck dient, den gewünschten Eindruck hervorzurufen und nicht unbedingt für bare Münze genommen werden muss. Trotzdem hier kurz die Fakten:

Schmitz' Auftreten – eine Mischung aus Demut und Drohung

Josef (»Sepp«) Schmitz tritt als Athlet auf, »sein Kostüm erinnert halb an Strafanstalt und halb an Zirkus, Tätowierung am Arm, Lederbinde um die Handgelenke« (11). Seine beeindruckende Körperlichkeit weiß er geschickt einzusetzen: »Alle Leute haben Angst vor mir …« (13). Er sagt dies zwar, um Mitleid zu erwecken (»Das ist schrecklich, Herr Biedermann, wenn einer so gewachsen ist wie ich«, 13), aber in seinen Worten steckt auch eine deutliche Drohung: »Ich frage nach einem Obdach, nichts weiter, ein braver Ringer, der sein Leben lang gerungen hat; da packt so ein Herr, der noch nie gerungen hat, unsereinen am Kragen – Wieso? frag ich und dreh mich bloß um, bloß um ihn anzublicken, schon hat er die Schulter gebrochen« (16f.). Er behauptet, sein Vater sei Köhler gewesen (15); dies erscheint eher unwahrscheinlich, weil es diesen Beruf kaum noch gibt, außerdem sind die Berichte aus seiner Jugend nicht ganz widerspruchsfrei. Eisenring deutet an, sein Schulfreund Schmitz habe eine »tragische Jugend« gehabt (53), und später sagt er von Schmitz, dessen Lebensweg habe ihn »von der Köhlerhütte zum Waisenhaus« (und von dort zum Zirkus und zum Theater) geführt (75). Mit diesen Andeutungen soll der Zuhörer jedenfalls an »brennen« oder »verbrennen« denken, vielleicht sogar den Eindruck bekommen, Schmitz sei am Tode seines Vaters mitschuldig. Die Stationen Zirkus und Theater werden auch nur erwähnt, um jeweils einfließen zu lassen, dass diese Einrichtungen schon bald nach Schmitz' Engagement abgebrannt seien.

Mit der niederen Herkunft wird des öfteren Schmitz' schlechtes Benehmen begründet: Er verschafft sich Eintritt ohne anzuklopfen, er schmatzt beim Essen, und er drückt sich gelegentlich ordinär aus. Auf der anderen Seite weiß er genau, was er will und wie er sein Ziel erreicht. Sein Auftreten ist dreist, gepaart mit Drohungen (s. o.) sowie einer gespielten Mitleid heischenden Demut, und gerade deswegen unwiderstehlich. Dazu trägt in erster Linie seine rhetorische Begabung bei, seinen Gesprächspartnern nach dem Mund zu reden oder ihnen die Argumente vorweg zu nehmen, so dass sie entwaffnet sind (s. Kapitel 6: Interpretation). Er verfügt zudem über Ansätze literarischer Bildung, wie seine Bemerkung »Brot und Wein ...« (13) oder sein Mummenschanz (76f.) verraten.

Wilhelm (»Willi«) Eisenring tritt in Frack und Weste auf; er soll nach Schmitz' Aussage früher Oberkellner gewesen sein

(»damals im Metropol, bevor's niedergebrannt ist, das Metropol –«, 30). Die Vermutung, dass er mit diesem Brand ursächlich zu tun hat, wird von ihm selbst später indirekt bestätigt (72f.). Aus seiner Zeit als Kellner kennt er äußere Formen und Regeln; er benutzt diese Kenntnisse allerdings in erster Linie dazu, Schmitz für sein ungehobeltes Benehmen zu maßregeln. Diese Kritik ist jedoch nur oberflächlich, denn sie dient dazu, mit Biedermann und später mit dessen Frau eine scheinbare Übereinkunft in Fragen der Bildung – d.h. eine kulturelle Überlegenheit – zu demonstrieren, sie ist also lediglich Teil der von beiden Brandstiftern praktizierten Unterwanderungs- und Überrumpelungsstrategie. Auch wenn er Schmitz intellektuell überlegen sein mag (vgl. z.B. Sätze wie: »Mach dir keine Sorge!«, 34), so sind die beiden doch gleichermaßen gefährlich und in ihrem gemeinsamen Vorgehen hervorragend aufeinander abgestimmt. Eisenring zeichnet die gleiche Dreistigkeit aus wie Schmitz; er gibt unumwunden zu, dass Benzin in den Fässern ist (39), dass er Holzwolle zu besorgen beabsichtige, weil »Holzwolle [...] die Funken am weitesten« trage (52), und er ist es auch, der als »die beste und sicherste Tarnung« ausgibt, die »nackte Wahrheit« zu sagen (54; vgl. Kap. 6: Interpretation).

Überrumpelungs- und Unterwanderungsstrategie

Beide Brandstifter verfügen über einen derben Humor, mit dem sie sich der jeweiligen Situation anzupassen vermögen. Ihre Scherze sind jedoch eher makabrer Natur, und sie machen sich lustig auf Kosten anderer. Insofern kann Biedermann, der durchaus öfters beteuert, Sinn für Humor zu haben, nicht mithalten, wenn sie, wie bei Eisenrings Bericht über seine

Derber Humor

Verhaftung, »dröhnend« lachen und »sich auf die Schenkel« hauen (73), oder wenn sie auf Biedermanns Vorhaltung, der ganze Dachboden sei voll Benzin, trocken antworten: »Drum, Herr Biedermann, rauchen wir auch nicht« (40). Ihr Instinkt, sich auf die jeweilige Situation einzustellen, zeigt sich auch bei dem Besuch des Polizisten: Biedermann hat die Vorlage geliefert, indem er auf die Frage des Polizisten, was denn in den Fässern sei, mit der Lüge antwortet: »Haarwasser«. Daraufhin machen sich Eisenring und Schmitz einen Spaß daraus, diese Vorlage aufzunehmen und weiterzuführen: Eisenring erfindet flugs die Bezeichnung »Hormoflor« (vielleicht bedient er sich auch des von Biedermanns Firma verwendeten Markennamens), und beide überbieten sich mit albernen Werbeslogans: »Die Männerwelt atmet auf« usw. (42).

Motive für ihr Tun

Es bleibt noch die Frage zu klären, ob sich aus dieser Charakterisierung der beiden eine hinreichende Motivation für ihr Handeln ergibt. Sie werden zwar durchgängig als Brandstifter (d. h. als Verbrecher, gelegentlich auch »Halunken«) bezeichnet, begehen ihre Taten allerdings weder aus Gründen der persönlichen Bereicherung noch gar aus politischen Motiven, sondern, wie der Dr. phil. ganz zum Schluss erklärt: »Die machen es aus purer Lust!« (vgl. Kap. 6: Interpretation). Sie sind, zusammenfassend gesagt, ähnlich wie Biedermann keine ausgeführten Charaktere, sondern als Typen Funktionsträger. Die Eigenschaften, die Max Frisch an ihnen, teilweise überzeichnet, hervorhebt, sollen verdeutlichen, was passiert, wenn diese Eigenschaften auf entsprechende Schwachstellen in der Gesellschaft treffen: dann erst können sie ihre unheilvolle Wirkung entfalten.

Die Nebenfiguren

Neben Biedermann und den Brandstiftern, die schon durch die Nennung im Titel als Hauptfiguren erkennbar sind, treten einige wenige weitere Personen auf, die durchgängig gleichfalls ein Prinzip oder eine Funktion verkörpern.

Die interessanteste Nebenfigur ist sicherlich der **Dr. phil.** Er ist – so die erste äußerliche Kennzeichnung – »Brillenträger« (59); dies soll verdeutlichen, dass er den Intellektuellen verkörpert. Er wird von Schmitz und Eisenring mit deutlicher Herablassung, geradezu Verachtung, behandelt. Eisenring, der bei der ›Arbeit‹ öfters lacht und pfeift, bezeichnet den Dr. phil., der »stumm und ernst« bleibt, als »Weltverbesserer«. Mit diesem verächtlich gemeinten Begriff wird darauf angespielt, dass der Dr. phil. ein Ideologe ist, der die Veränderung der Gesellschaft aus Überzeugung herbeiführen will und der die Mittel der Gewalt dabei in Kauf nimmt. Um seine Ziele durchzusetzen, benötigt er allerdings Helfershelfer; Schmitz und Eisenring sind zwar Ausführende (denn er selbst will sich die Hände nicht schmutzig machen; er ist auch gar nicht praktisch begabt dazu), aber sie sind weit davon entfernt, sich ihm unterzuordnen. (Zur Struktur dieser Machtmechanismen vgl. Kap. 6: Interpretation). Zum Schluss – als die Katastrophe nicht mehr aufzuhalten ist – wird sich der Dr. phil. dieser unseligen Entwicklung bewusst und verliest eine Erklärung, aus der hervorgeht, dass er sich von den Ereignissen distanziert. Noch deutlicher als die anderen bisher genannten Personen ist der Dr. phil. kein individueller Charakter, sondern bloßer Funktionsträger.

Der Dr. phil. als »Weltverbesserer«

Ähnliches gilt für die übrigen Personen: Babette, die Frau Biedermanns, Anna, das Dienstmädchen, sowie die Witwe Knechtling und den Polizisten.

Babette Biedermann führt sich mit den Worten ein: »Sie wissen, Anna, wir sind keine Spießer« (20). Ihr Verhalten verrät jedoch das genaue Gegenteil. Sie teilt die spießbürgerlichen Ansichten ihres Mannes; sofern sie mit seinen Handlungsweisen nicht einverstanden ist, erweist sie sich als zu schwach, um sich ihm zu widersetzen. In die Geschäfte ihres Mannes mischt sie sich nicht ein; sie scheint auch zu beschränkt, um eigene Maßstäbe durchzusetzen. Ein bezeichnendes Beispiel dafür ist die Szene, als sie sich erkundigt, warum ihr Mann Knechtling, mit dem »er immer so zufrieden« gewesen sei, entlassen habe, und Biedermann in seiner Antwort praktisch Knechtling selbst die Schuld daran gibt: Dieser habe Biedermanns Zufriedenheit »ausnutzen« wollen. Dabei habe er – Knechtling – nicht erkannt, dass es sich bei Biedermanns Haarwasser nicht um eine dem männlichen Haarwuchs zuträgliche Tinktur handle, die es durch Erfindungen zu verbessern gelte, sondern, in ›kapitalistischer‹ Sprechweise, um »eine kaufmännische Leistung« – was nicht anderes heißen soll als: um einen Betrug, denn die »guten Leute«, die sein Haarwasser kauften, könnten sich, wie gesagt, ebenso ihren eigenen Harn auf die Glatze streichen (25). Hier unterbricht ihn seine Frau, aber nicht etwa aus moralischer Entrüstung über sein Verhalten (die Entlassung Knechtlings, seine betrügerischen Geschäfte), sondern wegen der ordinären Ausdrucksweise. Als Spiegelbild Biedermanns ist sie folgerichtig genauso anfällig für die Überrumpelungsrhetorik Schmitz'

Babette als Spiegelbild Biedermanns

und Eisenrings. Schmitz bringt sie so weit, dass sie ihn geradezu zum Bleiben auffordert, nachdem sie zuvor noch entschlossen war, »ihn auf den Weg« zu schicken (24) – »in aller Freundlichkeit, weißt du, ohne ihn zu kränken« (25). Sie merkt nicht oder wird zu spät gewahr, dass Freundlichkeit bei den beiden Brandstiftern ebenso wenig bewirkt wie Grobheit, zumal sie im Grunde eben *nicht* freundlich, sondern lediglich Sklavin ihrer eigenen kleinbürgerlichen Sphäre ist. Sie achtet stets darauf, wie sie auf andere wirkt, und ist von diesem Urteil abhängig. Hierin unterscheidet sie sich in keiner Weise von ihrem Mann, und das drückt sie auch aus: »*Wir* geben nichts auf Äußerlichkeiten, Herr Schmitz« (29, Hervorhebung vom Verf.). Diese Verlogenheit ist es, die es Schmitz und Eisenring leicht macht, sie zu manipulieren.

Anna ist das typische Dienstmädchen, ihr äußeres Attribut ist das »weiße Schürzchen« (10). In ihrem Verhalten der Herrschaft gegenüber, die nicht immer leicht zu ertragen ist, bemüht sie sich um Korrektheit, auch wenn sie sich manchmal etwas schnippisch zeigt. Ihre Rolle dient in erster Linie dazu, dem Zuschauer die willkürlichen und in der Wirkung lächerlichen Verhaltensweisen des Ehepaars Biedermann vor Augen zu führen, denn schließlich hätte sie das Anrecht, von ihren Arbeitgebern weniger als willfährige Untergebene denn als Mitmensch behandelt zu werden – also mindestens genauso wie der Ringer Schmitz oder der frühere Sträfling Eisenring.

Die **Witwe Knechtling** tritt ebenfalls nicht als individueller Charakter in Erscheinung; ihre Funktion wird durch die Bezeichnung »Witwe« hinlänglich umrissen, denn es ist ja

Biedermanns Schuld, dass sie überhaupt zur Witwe geworden ist. Ihr Auftreten soll insofern jedes Mal Biedermann moralisch zusetzen, erinnert sie ihn doch stets an seine unredliche Verhaltensweise gegenüber ihrem Mann.

Frau Knechtling als »schwarze Witwe«

Geradezu makaber wirkt ihre Etikettierung als »die schwarze Witwe Knechtling« (54), denn auf den ersten Blick hat sie gar keine Ähnlichkeit mit der gefährlichen Giftspinne, die man mit der Bezeichnung »schwarze Witwe« versieht. Aber auf den zweiten Blick ist dieses Wortspiel doch recht passend, denn Biedermann hat – wegen seines schlechten Gewissens – allen Grund, sich vor ihr zu fürchten.

Den Reigen der auftretenden Typen schließt der **Polizist** ab, dessen Erscheinen lediglich dazu dient, Biedermanns Feigheit hervortreten zu lassen.

Hierarchisches Gefälle

Die **Personenkonstellation** lässt ein hierarchisches Gefälle, ein Geflecht von gegenseitigen Abhängigkeiten, erkennen. Biedermann steht zwar als Hauptperson im Mittelpunkt. Aber er ist aufgrund seiner hervorstechenden Charaktereigenschaft, eben der Biederkeit, den beiden Ganoven unterlegen, so dass er sich ihnen – im wahrsten Sinne des Wortes – »anbiedert«, obwohl er ohne Frage eine höhere Bildung und ein größeres Vermögen aufweist. Er will sie, die sozialen Underdogs, zu seinen Freunden, also Gleichberechtigten, machen und merkt nicht oder will nicht merken, dass er sich ihnen längst ausgeliefert hat. Diese Unterlegenheit steht in scharfem Kontrast zu den Unterdrückungsmechanismen gegenüber den anderen Personen: Seine Frau ist in ihrer Meinung und ihrem sozialen Status von ihm abhängig. Deutlicher noch zeigt er seine Überlegenheit gegenüber dem Dienstmädchen, das er hemmungslos schikaniert, und dem Mitarbeiter Knechtling, den er betrügt. Als Betrug hatten wir auch seine Einstellung gegenüber den Käufern seines Haarwassers charakterisiert. – Er macht sich zwar selbst von der öffentlichen Meinung abhängig und betätigt sich auch gerne, etwa im Wirtshaus, als deren Sprachrohr; aber als er sich in seiner eigenen Schlinge gefangen hat, will er keinen Rat, und sei er noch so wohl gemeint, annehmen; insofern schließt er die Außenwelt in Gestalt des Chors aus. Zwischen den beiden Brandstiftern und dem Dr. phil. besteht ebenfalls ein hierarchisches Gefälle: Zwar lässt sich der Dr. phil. als geistiger Urheber der Brandstiftungen identifizieren; die beiden Verbrecher sind jedoch alles andere als willfährige Befehlsempfänger – sie und ihre Taten haben sich schon längst verselbständigt. Auf der folgenden Seite ist dargestellt, wie sich diese Konstellation grafisch wiedergeben lässt.

Die Personenkonstellation

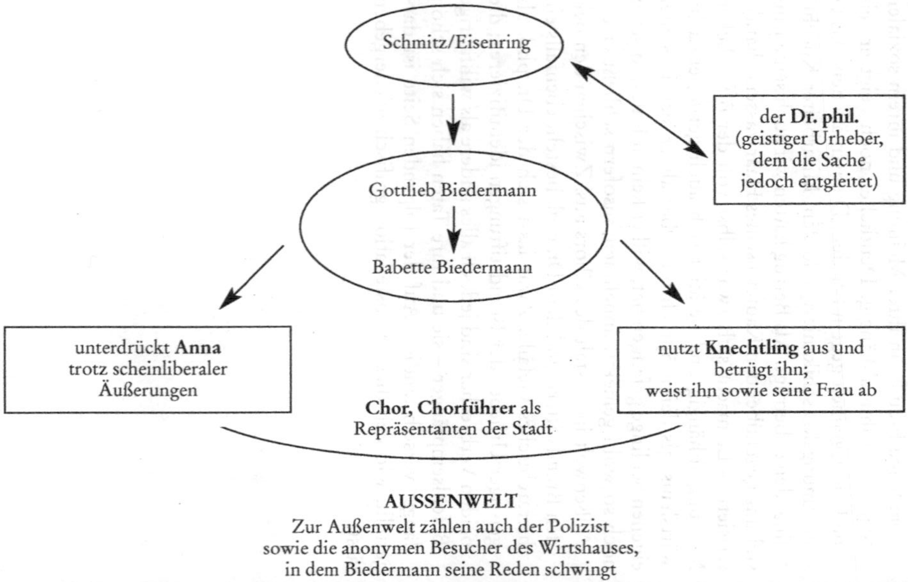

4. Die Struktur des Werks

Das im Schaubild »Die Personenkonstellation« aufgezeigte Hierarchiegefälle wird auch durch die szenische Anordnung deutlich. Eine Bühne, die über entsprechende technische Möglichkeiten verfügt, wird eine Zweiteilung vornehmen; im oberen Teil werden sich die ›Dachboden-Szenen‹, im unteren die ›Stuben-Szenen‹ abspielen, so dass auch Synchronie (Gleichzeitigkeit) möglich ist. Die beiden Ebenen sind durch Treppen, oder wie in der Zürcher Uraufführung, an der Frisch selbst gestalterisch mitgearbeitet hat, durch Leitern miteinander verbunden. Diese ›Doppelbödigkeit‹ ist nicht ohne Hintersinn; die beiden Brandstifter sind dem Biedermann'schen Haus und dessen Zentrum, der ›guten Stube‹, im wahrsten Sinne überlegen; sie tanzen, um es salopp zu sagen, Biedermann sozusagen auf dem Kopf herum. Der Chor könnte sich wie in der antiken Tragödie in der ›Orchestra‹, dem einen Halbmond bildenden Orchestergraben vor der Bühne, befinden; damit stellt er zum einen die Außenwelt dar, schirmt aber gleichzeitig vor ihr ab. Allerdings teilt der Chor das Schicksal mit seinen antiken Vorläufern: Seine Warnungen werden in den Wind geschlagen. Und mit feinsinniger Ironie lässt Frisch seinen Chor aus Feuerwehrmännern bestehen, denn auch diese können erst eingreifen, wenn es zu spät ist. Insofern können sie, die »Wächter der Vaterstadt«, dem Bürger, der sie »ja schließlich bezahlt« (7), gerade keinen Schutz bieten, zumal dieser dem Feind schon längst Einlass gewährt hat.

Doppelbödigkeit der Szenerie

Der Chor als Außenwelt

Diese räumliche Struktur lässt sich wie folgt darstellen:

Szenische Anordnung

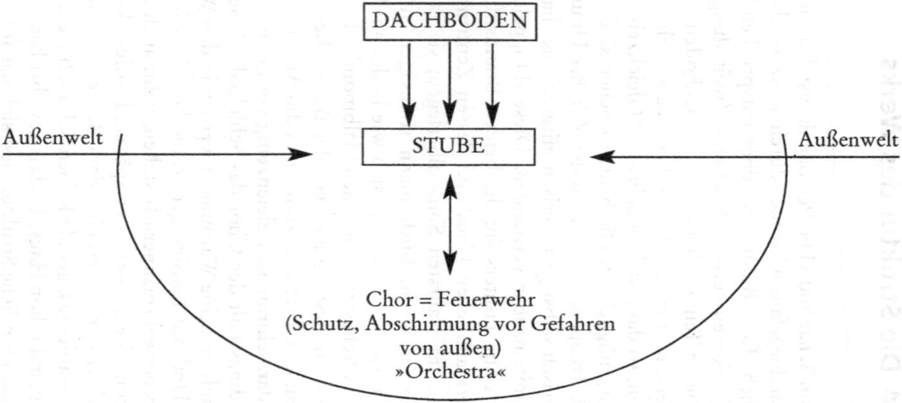

Der Aufbau des Stückes

Im klassischen Theater war eine Einteilung in fünf Akte (Aufzüge) üblich, die wiederum in eine nicht festgelegte Anzahl von Auftritten (Szenen) unterteilt waren. Dieses Prinzip der Fünfaktigkeit ergab sich aus den Anforderungen an den Handlungsverlauf (Spannungsbogen); jedem Akt war eine Funktion zugeschrieben – von der Exposition im ersten bis zur Katastrophe im letzten Akt. Dieses Prinzip ist in der modernen Dramatik aufgegeben worden, zum einen wegen der technischen Möglichkeiten, die sich den Bühnen boten, zum andern aber auch wegen der Ideen Bertolt Brechts zum so genannten »epischen Theater«, bei dem – nicht zum ersten Mal – die klassischen Forderungen nach der Einheit der Zeit, des Ortes und der Handlung, die auf den griechischen Philosophen Aristoteles zurückgehen, aufgehoben wurden. Frisch – als moderner Dramatiker – bevorzugt in seinen Stücken eine lockere Abfolge von Szenen. In *Biedermann und die Brandstifter* bedient er sich einer originellen Mischform, indem er den antiken Chor wieder einführt (s.u., S. 41 f.). Dieser bekommt eigene Szenen zugewiesen, die dem antiken Muster teilweise entsprechen. Die Konzentration auf einen einzigen Schauplatz entspricht zwar der klassischen Forderung nach der Einheit des Ortes; Max Frisch lässt die Handlung jedoch auf zwei verschiedenen Ebenen spielen und deutet damit schon rein äußerlich auf die ›Doppelbödigkeit‹ des Geschehens hin. Die folgende Tabelle soll anzeigen, inwieweit Frisch die antike Vorgabe übernommen hat:

Mischung aus antiken und modernen Elementen

Seite	Bezeichnung	Ort	Auftretende Personen	Entsprechung in der antiken Tragödie
7–9	[ohne]	Bühne	Biedermann, Chor	Prolog und Parodos
10–21		Stube	Biedermann, Anna, Schmitz	1. Epeisodion
21		Dachboden	Biedermann, Schmitz	
21–22	Szene 1	Stube	Babette	
22		Dachboden	Schmitz	
22–23	[ohne]	[Bühne]	Chor	1. Stasimon
24–31	Szene 2	Stube	Biedermann, Babette, Schmitz, später Anna	2. Epeisodion
32–33	[ohne]	[Bühne]	Chor	2. Stasimon
34–38		Dachboden	Schmitz, Eisenring, Biedermann	3. Epeisodion
38		Stube	Anna	
39	Szene 3	Dachboden	Biedermann	
39		Stube	Anna, der Polizist	
39–42		Dachboden	Biedermann, die Brandstifter, der Polizist	
43–50	[ohne]	[Bühne]	Chor, Biedermann, zwischenzeitlich auch Babette	3. Stasimon

51		Dachboden	Eisenring (stumme Szene)	4. Epeisodion
51–52		Stube	Biedermann, Babette	
52–54		Dachboden	Biedermann, Eisenring	
54	Szene 4	Stube	Anna, die Witwe Knechtling (stumm)	
55–59		Dachboden	Eisenring, Biedermann, später Anna (von unten)	
59		Dachboden	Eisenring, der Dr. phil. (stumm)	
60–62	[ohne]	[Bühne]	Chor, Babette, der Dr. phil.	4. Stasimon
63–66	Szene 5	Stube	Biedermann, Babette, Anna, die Witwe Knechtling (anfangs), später die Brandstifter	5. Epeisodion
67	[ohne]	Bühne (Rampe)	Biedermann (an den Chor gerichtet)	5. Stasimon
68–84	Szene 6	Stube	Biedermann, Babette, Anna, die Brandstifter	6. Epeisodion
85	[ohne]	[Bühne]	Chor	6. Stasimon oder Exodos

5. Wort- und Sacherläuterungen

Zu *Biedermann und die Brandstifter* liegt in der Reclam-Reihe *Erläuterungen und Dokumente* ein ausführlicher Kommentar von Ingo Springmann vor. Im vorliegenden Abschnitt werden deshalb hauptsächlich solche Informationen gegeben, die den Titel und den Untertitel näher erläutern. Daran schließen sich Einzelerläuterungen an.

»Sprechende Namen«

Der Name der Titelfigur ist ein so genannter **»sprechender Name«**. Diese Technik, die Personen durch ihren Namen zu charakterisieren, ist ein altbekanntes literarisches Mittel, das schon in der Antike angewendet wurde und sich besonders in der erzählenden Literatur des 19. und 20. Jahrhunderts, etwa bei Thomas Mann, großer Beliebtheit erfreute. Max Frisch hat sich auch in anderen Werken, z.B. in *Homo faber*, dieses Mittels bedient.[9] »Bieder« bedeutet »rechtschaffen« sowie »kleinbürgerlich« und »langweilig«. Der Name erinnert zudem an die literarische Epoche des **Biedermeier** (1. Hälfte des 19. Jahrhunderts), die durch den Rückzug in die Privatsphäre und Abkehr von der Politik gekennzeichnet war. Es ist dies die Zeit der Restauration (also der Wiederherstellung der vorrevolutionären feudalistischen Verhältnisse) nach der Niederwerfung Napoleons und dem Wiener Kongress 1814/15. Der Begriff »Biedermeier« selbst geht zurück auf eine Gedichtsammlung von Ludwig Eichrodt und Adolf Kußmaul, die 1869 unter dem Titel *Biedermeiers Liederlust* veröffentlicht wurde, nachdem die meisten Gedichte zwischen 1853 und 1857 in der Zeitschrift *Fliegende Blätter* erschienen waren.

Biedermann und »Biedermeier«

Die Verfasser benutzten als Pseudonym den Namen »Gottlieb Biedermeier«; dieser soll angeblich ein schwäbischer Schulmeister gewesen sein. Es ist offensichtlich, dass Frisch auch den Vornamen für seine Figur dort entlehnt hat.[10]

Der Name **Babette**, eine Kurzform für Elisabeth, wirkt, insbesondere durch die Alliteration, komisch. Vielleicht hat Frisch an den komischen Roman von Alice Berend *Die Bräutigame der Babette Bomberling* (1915) gedacht. Dass Frisch solche versteckten literarischen Anspielungen liebte, zeigt die erste Hörspielfassung von 1949/50: Dort hieß Biedermanns Frau noch »Ilsebill«. Der Name erinnert an das Märchen *Vom Fischer und seiner Frau*, in dem die Frau Ilsebill mit ihrer Habgier ihren Mann ins Unglück stürzte.

Schmitz ist einfach nur ein gewöhnlicher Allerwelts-Name, der außerdem an »verschmitzt« denken lässt. (Im Hörspiel wird die Betrügerei der beiden Brandstifter einmal als »schmitziger Schwindel« bezeichnet[11].) Auch diesen Namen benutzt Frisch alliterierend mit durchaus witzig-ironischem Unterton: »Schmitz, schmatze nicht« (28 und noch einmal 74). Bei **Eisenring** denkt man an ein Gefängnis oder ein mittelalterliches Verlies, in dem die Gefangenen mit Eisenringen an die Wand gekettet waren.

Auch **Knechtling** ist ein sprechender Name; man assoziiert Unterdrückung und Ausbeutung.

Dass die anderen Figuren (bis auf Anna) keinen Namen tragen, erklärt sich aus der bereits in Kapitel 3 (Charakterisierung der Figuren) erläuterten Typisierung.

Ein »Lehrstück«

Mit dem Untertitel bedient sich Frisch eines Begriffs, der durch die experimentelle Theaterproduktion Bertolt Brechts vorgeprägt ist. Unter **»Lehrstück«** verstand Brecht die plakative Darstellung von richtigem und falschem Verhalten: Es wird also demonstrativ »richtiges« Verhalten gegenüber »falschem« Verhalten vorgeführt. Nicht nur die Zuschauer sollten im Hinblick auf die sich stellenden Fragen der Gesellschaft ›belehrt‹ werden; es ging Brecht in erster Linie darum, dass die Spielenden selber aus der »Nachahmung hochqualifizierter Muster« sowie der »Kritik, die an solchen Mustern durch ein überlegtes Andersspielen ausgeübt wird«, für ihr Selbstverständnis in der Gesellschaft lernen, denn er glaubte, »daß der Spielende durch die Durchführung bestimmter Handlungsweisen, Einnahme bestimmter Haltungen, Wiedergabe bestimmter Reden und so weiter gesellschaftlich beeinflußt werden kann«[12]. In seinen Lehrstücken realisiert Brecht die theatralischen Mittel, die sein »episches Theater« kennzeichnen, also vor allem den so genannten Verfremdungseffekt (Projektionen, Spruchbänder, Songs, Heraustreten des Schauspielers aus seiner Rolle usw.). Dadurch sollte gewährleistet werden, dass die Schauspieler nicht nur spielen, sondern ihr eigenes Tun betrachten und somit ständig der Kritik aussetzen; die gleiche Aufgabe hat dann auch der Zuschauer. Der Sozialist Brecht sah einen pädagogischen Wert darin, junge Leute zum Theaterspielen zu bringen, denn dadurch würden sie gleichzeitig zu Tätigen und zu Betrachtenden gemacht. Reines lustvolles Betrachten ist für die Aktivität, die ja dem Staat nutzen soll, eher schädlich, ebenso aber auch die Lust am Tun allein. Wenn im Spiel Taten vollbracht werden, die der eigenen Betrachtung unterworfen sind, werden die jungen Leute für den Staat erzogen.

Vergleich mit den Lehrstücken Brechts

Wie wir sehen werden, benutzt Frisch durchaus effektive theatralische Mittel wie den Verfremdungseffekt. Allerdings hat er den Brecht'schen Begriff des Lehrstücks aus der ideologischen Fesselung befreit und sieht in seinem Stück mehr als nur ein gesellschaftliches Experiment. Dies zeigt allein schon die paradoxe Formulierung des Untertitels: »Ein Lehrstück ohne Lehre«. (Dazu mehr in Kap. 6: Interpretation.)

Der Chor

Zum Chor: Im Personenverzeichnis wird nach den Einzelpersonen genannt: »Der Chor, bestehend aus den Mannen der Feuerwehr« (6). Und im Vorspiel heißt es dann: »worauf die Feuerwehr vortritt in der Art des antiken Chors« (7). Auch hier benutzt Frisch also ein Vorbild, diesmal aus der Antike. Der Chor (griechisch »*choros*«) war ursprünglich ein kultischer Gesang, begleitet von rituellen Tänzen, zur Verehrung einer Gottheit. Durch das Hinzutreten von Schauspielern entstand nach der Darstellung des griechischen Philosophen Aristoteles das Drama. In der klassischen griechischen Tragödie (4. Jahrhundert v. Chr.) trat stets ein Chor auf, bestehend meist aus 12 oder 15 Sängern und einem Chorführer. Der Chor vertrat die Stadt, also die Bevölkerung; er griff selten selbst in die Handlung ein, seine Beteiligung beschränkte sich auf die Kommentierung des Geschehens durch Äußerungen der Klage, der Warnung oder des Mitleids. Es gab bezüglich der Auftrittsfolge eine relativ klare Ordnung: Am Anfang jedes Stückes stand der *Prolog*, danach folgten das Einzugslied des Chors (*Parodos*) und der Hauptteil, in welchem 4–5 Chorlieder (*Stasima*) und einzelne Szenen (*Epeisodien*) abwechselten. Am Ende stand das Schlusslied (*Exodos*) des Chors.

Die neuzeitliche Dramatik kennt – bis auf wenige Ausnahmen – den Chor nicht. Frisch bekennt, durch das Stück seines Freundes Friedrich Dürrenmatt *Der Besuch der alten Dame*, in dem Chorverse ironisch verwendet werden, auf den Gedanken gebracht worden zu sein. Allein schon durch die archaisierende Sprechweise hebt sich der Chor von der Redeweise der übrigen Personen ab und wirkt insofern als ironische Verfremdung. Eine zusätzliche ironische Dimension erhält die Sprechweise, indem Elemente der Umgangssprache eingestreut werden, die die erhabene Feierlichkeit der Aussage abmildern oder gar in ihr Gegenteil, also ins Lächerliche, verkehren.

Einzelerläuterungen

13,16 **Brot und Wein ...:** Hier wird auf das Abendmahl angespielt. Da der Verbrecher Schmitz diese Worte verwendet, wird der christliche Gedanke der Eucharistie pervertiert (s. auch Text S. 65).

17,22 **Beaujolais:** französischer Rotwein. Indem Schmitz äußert: »Dürfte noch etwas wärmer sein ...«, entlarvt ausgerechnet er, der Köhlersohn, den Spießbürger Biedermann als Banausen.

46,33 f. **Heilig sei Heiliges uns, / Eigentum [...]:** Der Chor spielt hiermit, wenn auch in überzogen ironischer Weise, auf das Eigentumsrecht in der Demokratie an, das zwar dem Einzelnen alle Rechte über sein Eigentum einräumt, die Verfügung darüber aber doch der so genannten ›Sozialpflichtigkeit‹ unterordnet. Dagegen hat Biedermann verstoßen.

49,29 **Defaitismus:** Miesmacherei. Biedermann beschuldigt den Chor, der das Unheil heraufkommen sieht und dies durch mehrfaches »Weh uns!« bekundet, der Miesmacherei, um von seinem eigenen schlechten Gewissen abzulenken.

51,4 (auch 52,5, 56,18f., 57,6) **Lili Marlen:** ein durch die Interpretation der Sängerin Lale Andersen (1938) berühmt gewordener Schlager, der täglich im Deutschen Soldatensender während des Zweiten Weltkrieges gesendet wurde. Insofern weist das Zitat auf den Nationalsozialismus hin.

57,17 **Sodom und Gomorra:** Mit der Erwähnung der beiden biblischen Städte, die zur Strafe für das ausschweifende Leben ihrer Bewohner von Gott durch Feuer vernichtet wurden, wird das Ende des Stückes angedeutet.

59,26 **ideologisch:** Ein *Ideologe* ist ein Anhänger einer bestimmten Idee. Der Begriff wird hier (von Eisenring auf den Dr. phil.) mit negativem Beiklang angewendet, ebenso wie die kurz zuvor verwendete Anrede »Weltverbesserer«.

63,15 **Kandelaber** und 63,19 **Messerbänklein** aus Silber: Diese Requisiten verdeutlichen die »Protzerei« (63,18) Biedermanns.

65,20f. **wie beim Abendmahl:** Diese Anspielung deutet zum einen auf Biedermanns letztes Mahl hin, zum andern greift sie die religiöse Bezugnahme von 13,16 (»Brot und Wein«) auf.

70,2 **Pommard** (vgl. auch 73,4f. **Cave de l'Echannon**): wertvolle Weine, die Biedermanns Reichtum anzeigen sowie Eisenring Gelegenheit geben, seine Kenntnisse als früherer Kellner einzubringen. Vgl. auch Text S. 17.

76,10 u.ö. **JEDERMANN:** Drama (Untertitel: *Das Spiel vom Sterben des reichen Mannes*) von Hugo von Hofmannsthal in Anlehnung an ein mittelalterliches Mysterienspiel. Das Stück wird alljährlich vor dem Dom in Salzburg aufgeführt. Darauf bezieht sich ironisch die Bemerkung Babettes (76,13: »Das haben wir in Salzburg gesehen«): Für beide gehört der Besuch des Stückes offensichtlich zur Touristenpflicht; den Zusammenhang mit der augenblicklichen Situation durchschauen sie nicht.

77,3 **Geist von Hamlet:** In Shakespeares Drama *Hamlet* tritt der Vater des Helden als Geist auf.

77,3 **der Steinerne Gast:** ein weiterer Abgesandter des Jenseits; im Drama *Don Juan* (u. a. von Molière; vgl. ebenso die Oper *Don Giovanni*) zieht er den Verführer Don Juan in die Hölle hinab.

77,5 **der Mitarbeiter von Macbeth:** Gemeint ist Banquo in Shakespeares Drama *Macbeth*, der ebenfalls als mahnender Geist erscheint. – Zu den literarischen Anspielungen vgl. auch Kap. 6: Interpretation.

6. Interpretation

Zur Entstehungsgeschichte

Die Prosaskizze *Burleske* (entstanden im Frühjahr 1948), die Max Frisch in seinem *Tagebuch 1946–1949* veröffentlichte,[13] enthält bereits die Grundzüge des späteren Dramas; eine Reihe anderer Dramen Max Frischs ist ebenfalls durch solche Prosaskizzen im Tagebuch vorgeformt (z. B. *Graf Öderland* oder *Andorra*). Die Erzählung ist durchgängig im ›Du-Stil‹ gehalten: »Eines Morgens kommt ein Mann, ein Unbekannter, und du kannst nicht umhin, du gibst ihm eine Suppe und ein Brot dazu«[14]. Dadurch entsteht ein Bekenntnischarakter, denn der Erzähler könnte ja im Dialog mit sich selbst stehen, aber auch ein direkter Bezug zum Leser, der sich zwangsläufig angesprochen fühlt und Schritt für Schritt in die Unentrinnbarkeit des Schicksals hineingezogen wird. Das Ganze wird mit einem kräftigen Schuss Ironie dargeboten, und zum Schluss hebt der Erzähler die gegebenenfalls noch vorhandene Distanz zwischen sich und dem angesprochenen Du endgültig auf, indem er schreibt: »und am andern Morgen, siehe da, bist du verkohlt und kannst dich nicht einmal über deine eigene Geschichte verwundern […].«[15]

Vorstufe I: Die »Burleske«

Einige Jahre später wurde Max Frisch von einem deutschen Rundfunksender um ein Hörspiel gebeten; aus Ermangelung einer neuen Idee formte er die Prosaskizze um. Das Hörspiel *Herr Biedermann und die Brandstifter* wurde 1953 erstmals im Bayerischen Rundfunk gesendet.[16] Es mel-

Vorstufe II: Das Hörspiel

det sich ein »Verfasser« (Sprecher), der noch über die Rolle des späteren Chors hinausgeht, indem er vor der ersten Szene (von insgesamt 10 Szenen, auf die jeweils durch so genannte »Ansagen« übergeleitet wird), aber bereits *nach* dem Brand, Biedermann als denjenigen vorstellt, der die Katastrophe sozusagen »ermöglicht«, nicht unbedingt »verschuldet« hat (278). Wie es einem Hörspiel eigen ist, verwendet der Sprecher mehr Zeit darauf, Äußeres zu beschreiben und Vorgänge zu erklären, als es im Drama nötig wäre. Biedermann kommt dabei insgesamt besser weg als im späteren Drama; der Aspekt, dass Biedermann nur das tut, »was wir alle tun« (279), und insofern als »unschuldig« gilt, wird stark betont. Die Katastrophe wird als »unvermeidlich« bezeichnet (278). Allerdings ist diese Aussage nicht frei von Zynismus, denn »nur dann, wenn von Verantwortung nicht die Rede sein kann, sind wir bereit, zu vergessen, wie es zu dieser Katastrophe [...] gekommen ist – und bereit für die nächste« (279). Hier klingt der Pessimismus: Wir alle sind letztlich unbelehrbar, deutlich an. Dennoch gilt: »Ich habe sie verfaßt [...] und kein Verfasser kann etwas darstellen, was nicht auch in ihm selbst ist« (299). Das Hauptübel Biedermanns sei, dass er sich selbst belüge (vgl. S. 312).

Die Bühnenfassung von 1958, die unserer Interpretation zugrunde liegt, ist ähnlich wie die Hörspielfassung eine aus einem Auftrag heraus erwachsene Weiterführung und wurde von Frisch selbst, der sich nach der Arbeit am *Homo faber* »erschöpft« fühlte, zunächst als eine Art »Fingerübung« verstanden: Er sprach etwas abfällig über seinen »Haarölschwindler«, dessen Erfolg ihn selbst verwundere.[17]

Da das Stück für eine abendfüllende Veranstaltung zu kurz war, hat Frisch – nach einer zwischenzeitlich gefundenen Lösung, seinen anderen Einakter *Die große Wut des*

Philipp Hotz im Anschluss zu spielen – dem *Biedermann* ein *Nachspiel* angefügt. Es spielt im Jenseits, alle Personen treten wieder auf, wenn auch verfremdet: So stellt sich heraus, dass Schmitz ein Teufel ist, der Dr. phil. (in der Gestalt einer Meerkatze) spielt einen jenseitigen Verwaltungsbeamten. Am Schluss des Nachspiels schwingen sich Eisenring und Schmitz wieder auf ihre rostigen Fahrräder, um erneut die »alte Kundschaft wiederzusehen« (412), d.h. ein weiteres Mal ihrer Aufgabe als Brandstifter nachzugehen. Biedermann und Babette können sich als »gerettet« sehen, weil »die Hölle streikt« (413). – Dieses zwar recht unterhaltsame, aber metaphysisch doch stark überfrachtete *Nachspiel* wird heute meist nicht mehr gespielt und in den Einzelausgaben nicht mehr mit abgedruckt; schon Max Frischs Verleger Peter Suhrkamp hatte darin ein eher misslungenes »Schwänzchen am runden, geglückten *Biedermann*« gesehen.[18]

Das »Nachspiel«

Literarische Anspielungen und Bezüge

Der literarisch außerordentlich kundige Autor Max Frisch lässt immer wieder Anspielungen und Andeutungen aus der Literatur einfließen und bietet somit dem Leser die Möglichkeit, darin Interpretationsansätze zu sehen. Dass dieses Spiel auch überzogen werden kann, ist eine Gefahr, der Frisch im Nachspiel teilweise erlegen ist; in anderen Fällen – z.B. bei der Änderung des Namens Ilsebill in Babette – hat er mit sicherem Gespür Übertreibungen zurückgenommen. Eine Analyse der verbliebenen Bezüge erweist sich in jedem Fall als aufschlussreich im Hinblick auf seine Arbeitsweise und mögliche literarische Patenschaften.[19]

Das Apostelspiel *von Max Mell*

Bereits in der *Burleske* wird das *Apostelspiel* von Max Mell erwähnt, zwar ironisch als Schlafpulverersatz; da es aber in der Hörspielfassung wieder aufgenommen wird, lässt sich ihm doch eine größere Bedeutung beimessen. In diesem 1924 uraufgeführten bäuerlichen Spiel werden zwei Verbrecher durch die kindliche Gläubigkeit eines jungen Mädchens geläutert. Der Bezug ließe sich also wie folgt deuten: Hätte der – durchaus gutgläubige – Biedermann die seelische Reinheit der kindlichen Heldin des *Apostelspiels*, wäre eine ›Erlösung‹ denkbar gewesen. So aber wird er das Opfer der ›teuflischen‹ Widersacher und würde selbst im Wiederholungsfalle sich wieder genau so anfällig für deren Verführung erweisen.[20]

Bezugnahme auf Gottfried Keller

Auf eine andere Anspielung aus der Hörspielfassung ist noch einzugehen. Dort hat die Stadt, die am Schluss abbrennen wird, einen Namen: »Seldwyla«. Mit diesem Namen verweist der Schweizer Frisch auf den »wonnigen und sonnigen Ort [...] irgendwo in der Schweiz«[21], an dessen spießigen, selbstgerechten und politisch abstinenten Bewohnern sein großer Landsmann und dichterischer Vorfahr Gottfried Keller (1819–90) in der Novellensammlung *Die Leute von Seldwyla* (Erster Band 1856, Zweiter Band 1874) zwar humorvoll, aber doch auch mit satirischer Schärfe Kritik übte. Dieser Bezug schien Frisch im Theaterstück offenbar entbehrlich, denn dass wir alle, und zwar an jedem Ort, nicht nur in der Schweiz, mit den Biedermännern dieser Welt gemeint sind, wird auch ohnedies deutlich.

Im ausgeführten Bühnenstück geht Frisch mit literarischen Anspielungen – außer in Szene 6 – sparsam um. Es gelingt ihm allerdings in dieser Szene sehr eindrucksvoll, das in der Literatur des Öfteren vorgeformte Motiv der Ankündigung des nahenden Lebensendes und die damit in Verbindung stehende Erlösungs- bzw. Verdammungsthematik aufzugreifen, indem er den »verschmitzten Schwindler« Schmitz kurz vor dem großen Brand einen Mummenschanz aufführen lässt, bei dem dieses literarische Motiv zitiert und gleichzeitig ironisch gebrochen wird. Hugo von Hofmannsthals Jedermann, also der reiche Mann, der kurz davor steht, vom Tod ohne Erlösung in die ewige Verdammnis hinübergeführt zu werden, zeigt im letzten Moment Reue und kann deshalb Erlösung finden; für Biedermann und seine Frau ist das alberne Spiel Schmitz' jedoch zunächst nur eine bildungsbürgerliche Reminiszenz, ebenso wie die anderen literarischen Gespenster und Verkörperungen des Todes, bis sie Schmitz mit seiner grotesken Anspielung auf Knechtling in die Realität zurückstößt. Aber auch jetzt zeigt Biedermann keine Reue; er ist es vielmehr, der nach einer »Pause der Verlegenheit« (78) »wieder anhebt und in der Spaßigkeit vorangeht« (79). Es zeigt sich somit, dass Biedermann ebenso wenig, wie er die verbrecherischen Absichten der Brandstifter wahrhaben will, auch aus den literarischen Vorlagen, an die er – als Bildungsbürger – selbst erinnert (77), keinerlei Lehren für sich selbst zieht. Auch »Bildung« kann keine Vorbilder für das eigene Handeln liefern und deshalb nicht vor dem Übel schützen, solange sie nur angelernter, aber nicht innerlich verarbeiteter Stoff ist. Die Hoffnung des Künstlers – und das gilt auch für Max Frisch selbst –, nicht nur zur Unterhaltung des Publikums, sondern auch zu dessen moralischer Besserung beizutragen,[22] bleibt unerfüllt, wenn die Adressaten sich als unbelehrbar erweisen.

Die Jedermann-Szene

Diese resignative Botschaft stellt eine mögliche Interpretation dar; sie würde zum Untertitel »Lehrstück ohne Lehre« passen. Aber führt der Autor sich und seine Absichten damit nicht *ad absurdum*? Es gilt daher, die paradoxe Formulierung vom »Lehrstück ohne Lehre« noch einmal zu überdenken, um der Gesamtkonzeption doch eine Aussage abgewinnen zu können, die über ein resignatives Schulterzucken (vgl. die Worte des Chors: »Nichts [ist] sinnloser als diese Geschichte: Die nämlich [...] änderte gar nichts«, 85) hinausgeht, zumal Frisch selbst sein Stück öfters als **»Parabel«** bezeichnet hat. Diesen Begriff definiert er, in Übereinstimmung mit der Literaturwissenschaft, als »Sinn-Spiel«, d. h., auf der Bühne wird eine Realität gespielt, die auf einen tiefer liegenden »Sinn« verweist.[23] Das Faszinierende parabolischer Texte liegt darin, dass dieser »Sinn« sich keineswegs eindeutig ermitteln lässt; ein Parabelstück wird vielmehr mehrere Möglichkeiten der Deutung zulassen.

Das Stück als Parabel

Entsprechende Deutungsansätze hat Frisch selbst geliefert. Bereits die *Burleske* bewegte sich in einem politisch geprägten Interpretationsrahmen. Denn im Zusammenhang mit ihrer Entstehung (Frühjahr 1948) notierte Frisch in seinem Tagebuch die Besorgnis, dass in der damaligen Tschechoslowakei ein Umsturz mit der folgenden totalen Machtergreifung der Kommunisten stattgefunden habe, wodurch seine und die Illusion vieler anderer Intellektueller zerstört worden sei, Demokratie und Sozialismus ließen sich miteinander vereinbaren. Es blieb aber immer noch der »allgemeine Dünkel: Das wäre bei uns halt nicht möglich«[24]. Mit der *Burleske* scheint er sich auch von

Verschiedene Deutungsmöglichkeiten

diesem Dünkel verabschiedet zu haben: Auch in einem biederen Land wie der Schweiz könnte »so etwas« möglich sein, weil deren Bewohner viel zu naiv und gutgläubig, andererseits aber auch selbst zu tief in Schuld verstrickt seien, um sich der Gefahr tatkräftig genug entgegenzustemmen. Da hilft es nichts, die Eindringlinge sich zu Freunden machen zu wollen, denn auch das eigene Schuldeingeständnis »rührt sie nicht«. Die vage Hoffnung, »daß die Menschen einander näher kommen und einander helfen«[25], wird nicht erfüllt, statt dessen verkehrt sie sich ins Gegenteil.

Die Ereignisse in der Tschechoslowakei 1948

Es liegt auf der Hand, dass die Mechanik dieses Vorgangs nicht nur für bestimmte lokale Vorgänge in der Tschechoslowakei 1948 gilt, sondern von Max Frisch schon früh als ein Thema erkannt wurde, das sehr viel weiter gefasst werden kann. Und hier bietet sich gerade die deutsche Geschichte an, denn sie weist ja mit der Machtergreifung Hitlers ein bedrückendes, nicht mehr zu überbietendes Beispiel dafür auf, wie ein ganzes Volk zu Helfershelfern des Verbrechens und somit mitschuldig am eigenen Untergang wird. Sicherlich gibt es Hinweise, die diese Deutung stützen, etwa Schmitz' Pfeifen des Lili-Marlen-Schlagers, und für viele Rezensenten war klar, dass mit dem Stück »in einen Teil der deutschen Geschichte zurückgeblendet wird, den wir noch erlebten«[26]. Doch hat Frisch es vermieden, diese Parallele allzu stark herauszuheben; es ging ihm offensichtlich eher darum, die Wiederholbarkeit solcher Ereignisse darzustellen, die ja nur dadurch möglich wird, dass sich im Grunde die Menschen nicht ändern.

Der Biedermann als Parabel der Machtergreifung Hitlers

Andere politische Implikationen, die im Stück selbst vorkommen, verweisen auf den Klassenkampf, also die Auseinandersetzung zwischen Kapitalismus und Kommunismus. Klassenkämpferische Parolen können tatsächlich zunächst die Vermutung aufkommen lassen, Schmitz und Eisenring seien Vulgärkommunisten. So faselt Schmitz etwas von »Verstaatlichung« (30). Und Eisenring bezeichnet jeden »Bürger [als] strafbar, genaugenommen, von einem bestimmten Einkommen an« (34). Aber das sind eben lediglich Phrasen, und den beiden geht es nicht um Beseitigung von gesellschaftlichen Missständen und eine bessere Zukunft, sondern um reine Zerstörung. Deshalb muss Biedermann auch mit seiner ›Anbiederung‹ scheitern, als er beteuert, er »glaube nicht an Klassenunterschiede. [...] Im Gegenteil. Ich bedaure es aufrichtig, daß man gerade in den unteren Klassen immer noch von Klassenunterschied schwatzt. Sind wir denn heutzutage nicht alle, ob arm oder reich, Geschöpfe eines gleichen Schöpfers? Auch der Mittelstand« (55). Die Widersprüchlichkeit ist offensichtlich: Er spricht von den »unteren Klassen«, obwohl er angeblich keine Klassenunterschiede wahrhaben will. Er schwatzt vom Schöpfer, glaubt aber nicht an Gott (was die Brandstifter übrigens gut erkennen, vgl. Text S. 81). Als es darauf ankommt, sich mit den Brandstiftern gemein zu machen, verleugnet er alle Attribute seiner eigenen ›Klasse‹ – allerdings nur so lange, bis die Brandstifter selbst auf Einhaltung der bürgerlichen Formen bestehen und diese somit als reine Äußerlichkeit entlarven. Weder begibt er sich auf die soziale Ebene der Verbrecher herab, noch zieht er sie zu seiner hoch. – Die Klassenkampfmetaphorik wird auch durch die Figur des Dr. phil. aufgenommen. Bei seinem ersten Auftre-

Schmitz und Eisenring als Sozialrevolutionäre?

ten wird der »Weltverbesserer« und »Ideologe« bereits von Eisenring verlacht, als dieser sich fragt, »was du eigentlich machst bei uns, wenn du keine Freude hast an Feuersbrünsten« (59). Der Dr. phil. ist tatsächlich ein Klassenkämpfer mit ernsthaften politischen Absichten; ihm darf unterstellt werden, dass er die Zerstörung der bestehenden politischen Strukturen billigend in Kauf nimmt, um auf den Ruinen dann ein besseres, gerechteres Staatsgebilde errichten zu können. Er merkt aber zu spät, dass seine Helfer überhaupt keine politischen Ambitionen haben, sondern ihr Werk »aus purer Lust« (83) verüben, und macht sich somit lächerlich. Frisch dürfte hier an jene vielen Intellektuellen gedacht haben, die Diktaturen zunächst begrüßten und ideologisch befürworteten, bis sie durch den Totalitarismus eines Besseren belehrt wurden. Als Beispiel ließe sich der französische Philosoph Jean-Paul Sartre (1905–80) nennen;[27] aber auch Max Frisch selbst musste sich Anfang der Fünfzigerjahre eingestehen, allzu gutgläubig auf einen friedlichen Kommunismus in den osteuropäischen Ländern gesetzt zu haben.

Frischs *Biedermann und die Brandstifter* lässt sich somit lesen als Parabel auf die Machterschleichung von links *oder* von rechts. In jedem Falle aber ist diese Machterschleichung nur möglich durch die tätige Hilfe des biederen Bürgers, wie er von Gottlieb Biedermann beispielhaft verkörpert wird. Insofern erteilt das Lehrstück dem Zuschauer doch eine Lehre, und bestünde sie nur darin, diesen zu provozieren: Er soll erkennen, dass er selbst gemeint ist (schon in der *Burleske* wurde er direkt angesprochen); und sollte er wirklich nicht aus seinen Fehlern lernen, dann gibt er sich der Lächerlichkeit preis. In diesem Sinne hat Hellmuth Karasek den *Biedermann* ein »warnendes Modell« genannt.[28]

Der Schicksalsbegriff

Wieweit ist der Bürger Biedermann seinem »Schicksal« hilflos ausgeliefert? Könnte er, angenommen, er stemmte sich dem Unheil mutiger entgegen, ihm überhaupt entgehen? Einer Antwort auf diese Frage hätte eine Auseinandersetzung mit dem Schicksalsbegriff vorauszugehen. Hier hält Frisch eine ebenfalls vielschichtige Interpretation parat, indem er den antiken Schicksalsbegriff mit Hilfe des Chors zitiert und durch die Kontraste der Darstellung ironisiert.

»CHORFÜHRER Feuergefährlich ist viel, / Aber nicht alles, was feuert, ist Schicksal, / Unabwendbares. / CHOR Anderes nämlich, Schicksal genannt, / Daß du nicht fragest, wie's kommt, / Städtevernichtendes auch, Ungeheures, / Ist Unfug. / CHORFÜHRER Menschlicher, / CHOR Allzumenschlicher, / CHORFÜHRER Tilgend das sterbliche Bürgergeschlecht. *Eine Turmuhr schlägt: drei Viertel.* / CHOR Viel kann vermeiden Vernunft« (8).

Die ersten Verse variieren ein berühmtes Verspaar aus Sophokles' *Antigone*: »Ungeheuer ist viel. Doch nichts / Ungeheurer, als der Mensch«[29]. Die antike Tragödie thematisiert die Allmacht der Götter, den hybriden Versuch des Menschen, sich den Göttern als ebenbürtig erweisen zu wollen und das Schicksal, das die Menschen in ihre Grenzen verweist. »Ungeheuer« ist der Mensch in seinem Streben nach Gottähnlichkeit, die bedeuten würde, dass er sein Schicksal selbst in die Hand nehmen kann. Dies ist ihm jedoch nur in seiner Verblendung möglich; in Wirklichkeit erfüllt er allein den göttlichen Willen. Aber der Begriff »ungeheuer« ist keineswegs negativ gemeint; das Stre-

Der Schicksalsbegriff in der antiken Tragödie

ben nach Vollkommenheit gehört zum Wesen des Menschen hinzu. – Dieser geistige Zusammenhang wird von Frisch vordergründig trivialisiert, zumal es nicht mehr um die Sterblichen überhaupt, also die Menschen allgemein, geht, sondern um das »sterbliche *Bürger*geschlecht«. Eine solche soziale Kategorisierung war der Antike fremd. Biedermanns Welt ist eine gottlose; ihr Held findet keinen Halt in einem Glauben an höhere Mächte. Seine hilflosen Bemühungen um Rechtfertigung seines Tuns wirken vielmehr lächerlich, weil das Unheil, das über ihn hereinbricht, eben kein gottgewolltes Schicksal ist, sondern das Werk von Verbrechern, die ihr Opfer als Werkzeug einbinden und so zum Mitschuldigen machen. Folgerichtig lehnt Frisch für das bevorstehende finale Geschehen den Begriff des Schicksals ab; statt dessen heißt es: »CHOR [...] Nimmer verdient / Schicksal zu heißen, bloß weil er geschehen: / Der Blödsinn, / Der nimmerzulöschende einst! *Die Turmuhr schlägt: vier Viertel*« (9).

Schicksal als »Blödsinn«

In einer drastischen Abkehr von der feierlichen Sprache, deren sich der Chor ansonsten bedient, wird das, was eigentlich gemeint ist, umso deutlicher hervorgehoben: der »Unfug« oder der »Blödsinn«. Dieser Begriff des »Blödsinns« wird am Ende des Stückes noch einmal aufgenommen: »CHOR Was nämlich jeder voraussieht / Lange genug, / Dennoch geschieht es am End: / Blödsinn / Der nimmerzulöschende jetzt, / Schicksal genannt« (85). Hier wird endgültig evident, dass es falsch wäre, für die eingetretene Katastrophe irgendein »Schicksal« verantwortlich machen zu wollen. Das wäre lediglich eine billige Ausrede. Es gibt allerdings doch, zumindest ansatzweise, eine positive Perspektive. Denn: »Viel kann vermeiden Vernunft«. Das Wort vom »warnenden Modell« ließe sich somit erweitern: Die Parabel vom Biedermann enthielte dann doch eine Lehre, indem auf die Folgen unvernünftigen, »blödsinnigen« Verhaltens hingewiesen wird: Diese Folgen ließen sich – vielleicht – durch vernünftiges Handeln vermeiden. Trotz des zur Schau gestellten Zynismus, verursacht durch die Unbelehrbarkeit des Menschen, glaubt Frisch an die Macht der Vernunft.

Glaube an die Macht der Vernunft

Zur Sprache

Die Modellhaftigkeit, von der Karasek gesprochen hatte, lässt sich gut an der Art und Weise verdeutlichen, wie es den Verbrechern gelingt, Biedermann zu ihrem Werkzeug zu machen. Dies ist insbesondere eine Leistung der **Sprache**. Biedermann und seine Frau bedienen sich durchgehend einer phrasenreichen Ausdrucksweise, die trotz ständiger Wiederholungen anderes meint als sie oberflächlich bekundet. Ein Beispiel:

Phrasenreiche Ausdrucksweise

»Babette Rundheraus – / Schmitz Sie möchten mich los sein? / Babette Nein, Herr Schmitz, nein! So würd ich es nicht sagen – / Schmitz Wie würden Sie's denn sagen? [...] Madame halten mich also für einen Brandstifter – / Babette Mißverstehen Sie mich nicht! Was hab ich denn gesagt? Nichts liegt mir ferner, Herr Schmitz, als Sie zu kränken. Ehrenwort! Sie haben mich ganz verwirrt. Wer redet denn von Brandstiftern!« Und etwas später: »Babette Ich schicke Sie gar nicht fort, mein Herr, das habe ich gar nicht gesagt. Was habe ich denn gesagt? Sie mißverstehen mich wirklich, Herr Schmitz, das ist ja furchtbar. [...] Wofür halten Sie uns! Ich habe nicht bemerkt, daß Sie schmatzen, Ehrenwort! Und wenn schon: Wir geben nichts auf Äußerlichkeiten, Herr Schmitz, das müssen Sie doch spüren, Herr Schmitz, wir sind nicht so ...« (27ff.).

Die ständigen Wiederholungen und Beteuerungen (allein zweimal wird das »Ehrenwort« gegeben) machen die Aussagen nicht glaubhafter, im Gegenteil. Und das ist es, was Schmitz erkennt und ausnutzt. Denn er hat sie in ihrer sprachlichen Falle gefangen: »'s ist wahr, Madame haben mich gar nicht fortgeschickt, kein Wort davon, 's ist wahr«, und wenig später: »Was haben Sie denn sagen wollen, Madame, vorher als Sie sagten: Rundheraus!«, worauf Babette nur antworten kann: »Ja, was hab ich eigentlich sagen wollen ...« (30). Babette ist genauso wie ihr Mann sich selbst gegenüber derart unaufrichtig, dass sie dem Eindringling widerspricht, als er genau das selbst äußert, was sie eigentlich sagen wollte.

Selbstbetrug

Ein anderes Mittel ist der Selbstbetrug. Im Dialog mit dem Chor fordert Biedermann »ein bißchen Vertrauen« ein: »Ich hab es satt. Ihr mit euren Brandstiftern! [...] Nicht immer nur das Böse sehen. Herrgottnochmal! Nicht jeder Mensch ist ein Brandstifter. Finde ich! Ein bißchen Vertrauen, ein bißchen ...« (47). Er formuliert seine Aussage aus Gründen der Selbstentlastung als Anklage, so als sei er der Einzige, der die – vordergründig positiv zu bewertende – Eigenschaft aufweist, sich anderen Menschen gegenüber vertrauensvoll zu verhalten. In Wirklichkeit kaschiert er sein schlechtes Gewissen. Dies geht so weit, dass er ganz offenkundige Anzeichen wie beispielsweise den Benzingeruch einfach nicht wahrhaben will: »Also, meine Herren, ich rieche nichts ...«

(49), worauf der Chorführer nur antworten kann: »So schon gewohnt ist er bösen Geruch« (49, noch einmal 50).

Wortspiele

Die Selbstgefälligkeit und Selbstgerechtigkeit Biedermanns machen sich auch die Brandstifter sprachlich zunutze. Dies führt zu – oft durchaus amüsanten – Wortspielen; Biedermann wird häufig sozusagen das Wort im Mund herumgedreht. Auch hierfür ein Beispiel:

»BIEDERMANN Sie kennen mich, haben Sie dem Mädchen gesagt. / SCHMITZ Freilich, Herr Biedermann, Freilich. / BIEDERMANN Woher? / SCHMITZ Nur von Ihrer besten Seite, Herr Biedermann, nur von Ihrer besten Seite« (14).

Was Biedermann am Stammtisch vor Schmitz' Ohren von sich zu erkennen gegeben hat, ist seine faschistoide Forderung nach »Aufhängen« gewesen. Auf Biedermanns Frage: »Was habe ich denn gesagt?«, antwortet Schmitz aber zunächst: »Das Einzigrichtige«. Damit schmeichelt er seinem Gegenüber und nimmt ihm gleichzeitig den Wind aus den Segeln.

Sprache kann auch verschleiern

Dass Sprache nicht nur Inhalte vermittelt, sondern diese auch **verschleiern** kann, ist in *Biedermann und die Brandstifter* mehrfach zu sehen. Es ist ja nicht so, dass die Brandstifter ihre Absichten verheimlichen würden. Aber gerade diese Offenheit ist es, mit der sie ihren Gastgeber überrumpeln, denn er, der sich etwas auf sein »Vertrauen« und auf seinen »guten Willen« einbildet, der aber auch einfach seine »Ruhe und [s]einen Frieden haben [will], nichts weiter« (47), ist ihnen in seiner Unaufrichtigkeit nicht gewachsen. Da er selbst sein Leben, sowohl in privater als auch geschäftlicher Hinsicht, auf Lüge und Selbstbetrug aufgebaut hat, steht er der Wahrheit hilflos gegenüber. Insofern kann Eisenring das Überrumpelungsrezept, das er gelernt hat, kühl und folgenlos vortragen: »Scherz ist die drittbeste Tarnung. Die zweitbeste: Sentimentalität. [...] Aber die beste und sicherste Tarnung (finde ich) ist immer noch die blanke und nackte Wahrheit. Komischerweise. Die glaubt niemand« (54). Und wie Recht er hat! Auch jetzt oder gerade jetzt glaubt ihm Biedermann nicht.

Ohnmacht der Sprache

Die **Ohnmacht der Sprache** zeigt sich in einer anderen Szene und bei einer anderen Figur. Gemeint ist der Dr. phil., der am Schluss des Stückes eine »Erklärung zuhanden der Öffentlichkeit« verlesen möchte, in der er sich von den Ereignissen distanziert. Dieses Vorhaben scheitert aber in doppelter Hinsicht: Der Wortlaut der Erklärung geht im Lärm der Feuersbrunst unter, und der Dr. phil. drückt das Schriftstück dem ratlosen Biedermann in die Hand. Indem er sich anschließend »ins Parkett« setzt (84), geht er zwar räumlich auf Distanz (»BIEDERMANN Weg ist er«, 84), aber von der Schuld kann er sich ebenso wenig freisprechen wie Biedermann. Wir hatten schon darauf hingewiesen, dass der Dr. phil. die Intellektuellen verkörpert, die den Totalitarismus befürwortet haben; jetzt zeigt sich, dass ihre Worte (möglicherweise der Warnung oder der Einsicht) ungehört verhallen. Aber sie retten sich im letzten Moment auf die Beobachterseite, so dass man mit dem allein gelassenen Biedermann fast schon Mitgefühl haben könnte, wäre dieser tatsächlich ein tragisches Opfer. Dies ist er aber gerade nicht, denn es fehlt ihm die Unschuld der kindlichen Heldin aus dem *Apostelspiel*.

7. Autor und Zeit

Max Frisch wird am 15. Mai 1911 in Zürich geboren. Sein Vater, in zweiter Ehe mit Karolina Bettina Frisch, geb. Wildermuth, verheiratet (Max Frischs Mutter), war Architekt und »Liegenschaften«-(= Grundstücks-)Makler. Ab 1924 besucht Max Frisch das Realgymnasium Zürich; 1930 nimmt er das Studium der Germanistik an der Universität Zürich auf, muss es aber nach zwei Jahren wegen des Todes seines Vaters und damit verbundener finanzieller Schwierigkeiten wieder abbrechen. Er arbeitet als freier Mitarbeiter für die *Neue Zürcher Zeitung* sowie die *Zürcher Illustrierte*, unternimmt einige Reisen – auf den Balkan und nach Südeuropa – und finanziert diese Reisen durch das Verfassen von Reiseschilderungen. Daraus ist auch sein erster Roman erwachsen: *Jürg Reinhart. Eine sommerliche Schicksalsfahrt* (1934). Allerdings kommen ihm danach Selbstzweifel an seiner schriftstellerischen Begabung, er beschließt mit dem Schreiben aufzuhören und verbrennt alle bis dahin entstandenen Manuskripte. Eine erste Reise nach Deutschland 1935 konfrontiert ihn mit der nationalsozialistischen Rassenideologie. Allerdings bleibt seine damalige Einschätzung des Nationalsozialismus oberflächlich, obwohl er mit einer Jüdin liiert ist. Diese Beziehung geht jedoch 1936 zu Ende, und Frisch orientiert sich neu: Er beginnt ein Studium der Architektur an der ETH (Eidgenössischen Technischen Hochschule) in Zürich, das er 1940 mit dem Diplom abschließt, wird 1941 bei dem Architekten Prof. William Dunkel angestellt und heiratet 1942 seine Kollegin Anna Constanze von

Erste literarische Erfolge

Selbstzweifel

Max Frisch, 1959
Foto: Max Frisch-Archiv, Zürich

Meyenburg. Aus dieser Ehe, die 1959 wieder geschieden wird, gehen drei Kinder hervor. Beruflich ist er durchaus erfolgreich: Für seinen Entwurf eines städtischen Freibades im Zürcher Letzigrund erhält er einen 1. Preis. Mit Kriegsbeginn 1939 leistet er aktiven Dienst als Kanonier. Seinem Entschluss, nie wieder zu schreiben, ist er schon bald untreu geworden; nachdem er u. a. für die Erzählung *Antwort aus der Stille* (1937) die erste literarische Auszeichnung, den Conrad-Ferdinand-Meyer-Preis der Stadt Zürich 1938 erhalten hat, veröffentlicht er jetzt (1940) die *Blätter aus dem Brotsack*, das Tagebuch eines Soldaten, und 1943 *J'adore ce qui me brûle oder: Die Schwierigen.* Daneben führt er sein eigenes Tagebuch als literarische Kunstform.

Begegnungen

Nach dem Zweiten Weltkrieg beginnt eine Periode aktiven Schreibens und der Begegnungen. Frisch lernt 1947/48 Bertolt Brecht in Zürich kennen; dieses Ereignis hat er 1968 in seinen *Erinnerungen an Brecht* festgehalten. Frisch beginnt mit dem Schreiben von Dramen, in rascher Folge erscheinen *Nun singen sie wieder* (1946), *Santa Cruz* (1946), *Die Chinesische Mauer* (1947), *Graf Öderland* (1951). Reisen sowie die Teilnahme an Kongressen erweitern seinen persönlichen und intellektuellen Horizont. So lernt er Peter Suhrkamp kennen, der seine Werke ab 1950 verlegt, ferner den bedeutenden Architekten Le Corbusier und den Maler Picasso. Als erstes Werk im Suhrkamp-Verlag erscheint das *Tagebuch 1946-1949*, in dem sich eine Reihe von Prosaskizzen befindet, die später zu eigenständigen Werken ausgeformt werden, so auch die *Burleske* als ›Keimzelle‹ des *Biedermann*-Dramas oder die Erzählung vom andorranischen Juden, die er später zu dem Drama *Andorra* aus- und weiterformt. Ein Rockefeller-Stipendium ermöglicht ihm einen einjährigen

Studienaufenthalt in den USA (1951). Das Hörspiel *Herr Biedermann und die Brandstifter* wird 1953 vom Bayerischen Rundfunk erstmals gesendet. Muss Frisch damals noch gestehen, diese Arbeit aus Geldmangel übernommen zu haben, so gelingt ihm dann der literarische Durchbruch 1954 mit dem Roman *Stiller*. Frisch, der sich immer noch stark für die Architektur, insbesondere für die Thematik des neuzeitlichen Städtebaus, engagiert, belastet die Doppelexistenz allmählich zu sehr, und er verkauft 1955 sein Architekturbüro an einen langjährigen Mitarbeiter. Eine Reise führt ihn 1956 nach Mexiko; viele Eindrücke daraus finden sich in dem Roman *Homo faber* (1957) wieder. Das Drama *Biedermann und die Brandstifter* (Uraufführung 1958) ist sein erster durchschlagender Erfolg als Bühnenautor. Er wechselt jetzt seinen Wohnsitz häufig; nach der Trennung von seiner Frau lässt er sich in Rom nieder, kehrt 1965 wieder in die Schweiz zurück, lebt dann einige Jahre in Berlin, in New York, danach wieder in der Schweiz: Zürich, Stadelhoferstr. 28. Literarische Erfolge und Ehrungen mehren sich; hervorzuheben sind der Georg-Büchner-Preis 1958 und die Verleihung des Literaturpreises der Stadt Jerusalem 1965, die Verleihung der Ehrendoktorwürde verschiedener Universitäten (u. a. 1962 Marburg, 1982 New York, 1987 Technische Universität Berlin).

Literarischer Durchbruch

Aufgabe des Architekturbüros

Zwischen 1958 und 1963 unterhält er eine enge Beziehung zu der Schriftstellerin Ingeborg Bachmann. Die parabolische Absage an den Rassismus, das Stück *Andorra*, sichert ihm 1961 weltweite Anerkennung. Einen weiteren Erfolg als Romanautor kann er mit *Mein Name sei Gantenbein* (1964) erzielen. Er unternimmt nach wie vor zahlreiche und ausgedehnte Reisen, ist Gast bei den Großen dieser Welt, z. B. im Weißen Haus bei Henry Kissinger, dem Sicherheitsberater des amerikanischen Präsidenten. Er findet aber immer wieder die Zeit, sich um lokale Probleme der Schweiz zu kümmern, allerdings sind ihm diese Probleme Sinnbilder für die Engstirnigkeit und Borniertheit seiner Landsleute. Berühmt geworden ist seine Stellungnahme zur Lage der Fremdarbeiter in der Schweiz: »Ein kleines Herrenvolk sieht sich in Gefahr: man hat Arbeitskräfte gerufen, und es kommen Menschen« (1965)[30]. Eine zweite Ehe (mit Marianne Oellers), die er 1968 eingeht, scheitert ebenfalls (1979). Sein Spätwerk ist geprägt von dem Thema Altern/Sterben/Tod; es geht ihm immer wieder darum, Tabus zu durchbrechen und schreibend gültige Lösungen anzustreben. Dies gelingt ihm persönlich nur bedingt, die Beziehungen zu verschiedenen Frauen sind jeweils nur von kurzer Dauer.

Kritik an seinen Landsleuten

Themen des Spätwerks

In seinen letzten Lebensjahren setzt sich Frisch verstärkt für internationale Friedenssicherung ein; er nimmt – auf Einladung von Michail Gorbatschow – 1987 am »Forum für eine atomwaffenfreie Welt« in Moskau teil. Mit seinen Landsleuten überwirft er sich das eine um das andere Mal, insbesondere in der Frage der Bewaffnung der Schweiz. Nach einem langen Krebsleiden stirbt Max Frisch am 4. April 1991 in seiner Züricher Wohnung.

Engagement für den Frieden

Hauptwerke

1934 *Jürg Reinhart. Eine sommerliche Schicksalsfahrt.* Roman. Aus der Sicht eines jungen Journalisten thematisiert Frisch seine erste Auslandsreise im Jahr davor durch den Balkan.

1940 *Blätter aus dem Brotsack. Tagebuch eines Kanoniers.* Verarbeitung der Erfahrungen im Militärdienst während des Kriegsbeginns.

1946 *Nun singen sie wieder.* Drama.

1947 *Die Chinesische Mauer.* Drama.

1950 *Tagebuch 1946-1949.*

1951 *Graf Öderland.* Drama. In den Dramen seit 1946 wurde die Nachkriegszeit thematisiert und z. T. verfremdet.

1954 *Stiller.* Der Roman behandelt die Identitäts-Problematik. Stiller verleugnet seine Identität; es gelingt ihm aber nicht, sie abzulegen.

1957 *Homo faber. Ein Bericht.* Auch dieser Roman behandelt die Selbstfindung eines Mannes, der vergeblich versucht, sein Schicksal selbst in die Hand zu nehmen.

1958 *Biedermann und die Brandstifter.*

1961 *Andorra.* Das *Parabelstück* behandelt das Thema Rassismus. Es erwächst aus der Prosaskizze »Du sollst dir kein Bildnis machen« im *Tagebuch 1946-1949.*

1964 *Mein Name sei Gantenbein.* Roman. Der Ich-Erzähler versucht, die Identität verschiedener Personen anzunehmen.

1971 *Wilhelm Tell für die Schule.* Essay. Provokative Auseinandersetzung mit dem Schweizerischen Nationalmythos.

1974 *Dienstbüchlein.* Essay. Kritik an der Schweiz und ihrer Rolle im Krieg.

1975 *Montauk.* Erzählung. In dieser autobiografischen Erzählung setzt sich Frisch mit seiner Beziehung zu Ingeborg Bachmann auseinander.
1979 *Der Mensch erscheint im Holozän.* Erzählung über das Thema Alter und Einsamkeit.
1982 *Blaubart.* Kriminalerzählung. Auch hier geht es um eine Selbstfindung, nämlich die des vorgeblichen Frauenmörders Blaubart.
1989 *Schweiz ohne Armee? Ein Palaver.* Streitschrift, mit der Frisch in die Diskussion über die Abschaffung der Armee in der Schweiz eingreifen will. Mit demselben Thema beschäftigt sich – ebenfalls 1989 – der Bühnendialog *Jonas und sein Veteran.*
1990 *Schweiz als Heimat? Versuche über 50 Jahre.*

Bedeutende Ehrungen

Conrad-Ferdinand-Meyer-Preis der Stadt Zürich (1938).
1. Preis unter 82 Konkurrenten im Architekturwettbewerb für den Bau eines städtischen Freibades am Letzigraben in Zürich (1942).
Schleußner-Schüller-Preis des Hessischen Rundfunks für das Hörspiel *Der Laie und die Architektur* (1955).
Georg-Büchner-Preis der Deutschen Akademie für Sprache und Dichtung (1958).
Literatur-Preis der Stadt Zürich (1958).
Ehrendoktor der Philipps-Universität Marburg (1962).
Literaturpreis der Stadt Jerusalem (1965).
Großer Schiller-Preis der Schweizerischen Schillerstiftung (1974).

Friedenspreis des Deutschen Buchhandels (1976) für seine »Beharrlichkeit beim Bekämpfen von Machtmissbrauch und ideologischer Demagogie«.

Ehrendoktor des Bard College / USA (1980).

Ehrendoktor der City University of New York (1982).

Ehrendoktor der Universität Birmingham (1984).

Literaturpreis der University of Oklahoma (1986). Frisch stellt die Preissumme von 25 000 $ für den Bau einer Schule in Nicaragua zur Verfügung.

Ehrendoktor der Technischen Universität Berlin (1987).

Heinrich-Heine-Preis der Stadt Düsseldorf (1989).

8. Rezeption

Biedermann als Repräsentant des modernen Industriezeitalters

Das Stück, das Frisch als Dramatiker berühmt machte, ist, wie wir gesehen haben, kurz nach *Homo faber* entstanden. Die beiden Hauptpersonen, Faber und Biedermann, werden oft miteinander verglichen. Beide sind Repräsentanten der modernen Industriegesellschaft. Während Fabers Schicksal jedoch als persönliche Tragik begriffen werden kann, bleibt der uneinsichtige Biedermann Opportunist bis zum Schluss und verdient insofern unser Mitleid nicht. Darin sind sich die ersten Rezensenten einig, ebenso in ihrem Lob für die Innovationskraft des Stückes in theatertechnischer Hinsicht. Seit Kleists *Zerbrochenem Krug* habe es in der deutschen Literatur kein Stück »von solcher realistischen Durchschlagskraft des Komischen und solcher hintergründigen Bedeutung« mehr gegeben.[31] Karl Korn hebt in der *Frankfurter Allgemeinen Zeitung* 1958 den »echte[n] moralistische[n] Komödienkern« dieser »Typenkomödie« hervor, mit der Frisch eher an Molière als an Brecht anschließe.[32]

Die Aktualität des Stückes

Die Aktualität des Stückes hat sich im Laufe der Zeit immer wieder aufs Neue erwiesen oder eher noch gesteigert. Frisch hat dies 1978 in einem Artikel »Wer sind die Brandstifter« bestätigt gefunden; er wiederholt, dass die Brandstifter keine politisch motivierten »Weltverbesserer« seien, sondern »in die Familie der Dämonen [gehörten]: Sie sind geboren aus Gottlieb Biedermann selbst: aus seiner Angst, die sich ergibt aus seiner Unwahrhaftigkeit«, und hier verwendet er auch die berühmt gewordene Formulierung, das »feuergefährliche Benzin auf dem Dachboden [habe] sich inzwischen vermehrt: es reicht für einen Weltbrand«[33]. Damit deutet er an, dass es ihm tatsächlich um mehr ging als um bloßes Aufzeigen von Uneinsichtigkeit. Und in der Tat dient sein Stück, wenn es heute zur Aufführung gelangt, zumeist als Demonstration eines aktuellen Sachverhalts, dessen Grundstruktur sich immer wiederholt: »Das Bündnis des Lammes mit dem Wolf, die entsetzliche Lähmung des Feigen, der den Augenblick des Entschlusses verpasst und seinen Mörder umschmeichelt«[34]. Oder, mit den Worten eines Programmheftes einer zeitgenössischen Aufführung (Ankündigung des Theaters am Schiffbauerdamm, Berlin, zur Premiere am 12. Mai 2002): »Die burleske Geschichte vom Gottlieb, der seine Leiche im Keller hat und doch ein guter Mensch sein will. Ja, mit kleinen, feigen Falschheiten nicht nur sich selbst, sondern alle Welt mit sich in den Abgrund zieht. Sie ist schon ein kleiner Klassiker geworden. Doch, obwohl mit viel Witz und Ironie erzählt, wird dieses ›Lehrstück ohne Lehre‹ auch heute noch seine Brandspuren hinterlassen …«[35]

Das »Bündnis des Lammes mit dem Wolf«

Wegen seiner dramaturgischen Schlichtheit – Einheitlichkeit des Schauplatzes, geringe Zahl Mitwirkender – ist es auch bei Schüler- und Studentengruppen beliebt. Auch hier wird meist der Bezug zu historischen und aktuellen Brandstiftungen hergestellt. Ein Beispiel: Schülerinnen und Schüler des Deutsch Erweiterungskurses im 9. Jahrgang der Heinrich-Heine-Gesamtschule in Düsseldorf stellten (im Juni 2001) Frischs *Biedermann und die Brandstifter* in szenischen Standbildern vor. Auf ihrer attraktiv gestalteten Homepage[36] steuerten sie Bild- und Text-

Die Beliebtheit des Stückes im Schultheater

material zu den Themen: Bücherverbrennungen durch die Nationalsozialisten; Zerstörung der Synagogen durch die Nazis; Brandanschläge in jüngster Zeit bei. Sie sehen ihre Aufführung also in einem aufklärerischen Rahmen, indem sie auf das fatale Bündnis scheinbar friedliebender Bürger mit den ausländerfeindlichen und gewalttätigen Aktionen der Brandstifter unterschiedlichster Couleur hinweisen.

Wirkungsgeschichte des Titels

Wie sehr nicht nur das Thema, sondern auch der Titel selbst redensartlich im Bewusstsein verankert ist, zeigen ferner zwei Beispiele, die sich lediglich der Begrifflichkeit des Titels bedienen, ohne auf das Stück selbst im literarischen Sinne einzugehen:

Bei der Fachtagung ›Brandkriminologie‹ an der Johannes-Kepler-Universität Linz trafen sich Experten aus dem Bereich der Versicherungswirtschaft, der Feuerwehren, der Justiz und der Sicherheitsexekutive 1998 zu einem Erfahrungsaustausch und gaben ihrer Veranstaltung den Titel »Biedermann und Brandstifter«.[37] Oder: Auf der *World Socialist Web Site* des linksgerichteten »Internationalen Komitees der Vierten Internationale« versieht ein Peter Schwarz seinen Kommentar vom 8. November 2000 anlässlich der Berliner Demonstration »Wir stehen auf für Menschlichkeit und Toleranz« mit der Überschrift: »Die Brandstifter spielen Biedermann«. Er verwendet das Bild für den von ihm kritisierten Umstand, dass Politiker aller Parteien sich als ›Biedermänner‹ aufspielen, um gegen Übelstände, die sie selbst hervorgerufen haben (das sind dann die ›Brandstiftungen‹), zur Demonstration aufzurufen.[38]

9. Checkliste

1. Welche Assoziationen erweckt der Name »Biedermann«?

2. Definieren Sie den Begriff »bieder«. Informieren Sie sich über die literarische Epoche des so genannten »Biedermeier« und versuchen Sie Anhaltspunkte dafür zu finden, dass Max Frisch den Namen »Biedermann« unter Bezugnahme auf diese literarische Epoche gewählt hat. Analysieren Sie von daher den Namen als so genannten »sprechenden Namen« (S. 38f.), genauso wie die Namen »Knechtling« oder »Eisenring«.

3. Informieren Sie sich über Brechts Begriff des »Lehrstücks«, vielleicht an einem speziellen Beispiel, indem Sie eines dieser Stücke lesen und die entsprechenden theoretischen Kommentare Brechts hinzuziehen. Stellen Sie heraus, worin die »Lehre« besteht, die Brecht mit seinen »Lehrstücken« vermitteln will, und welche Hilfsmittel er zur szenischen Realisierung verwendet. Welche dieser Mittel greift Frisch im *Biedermann* auf?

4. Frisch nannte sein Stück im Untertitel »Ein Lehrstück *ohne Lehre*«. Erläutern Sie die paradoxe Struktur dieses Ausdrucks. Inwiefern trifft er Ihrer Meinung nach auf das Stück zu? Welche ›Lehre‹ wäre denn zu erwarten gewesen? Formulieren Sie die denkbare Intention eines Dramas, sei es eine moralisierende (wie bei Schiller) oder eine sozialistische (wie bei Brecht).
Vergleichen Sie die verschiedenen Vorstufen (a. die *Burleske*, b. das Hörspiel) mit der Bühnenfassung. Erläutern Sie die Unterschiede. Was ist eine »Burleske«? Und inwiefern trifft

der Begriff auf Frischs Prosaskizze zu? Welche Intention verfolgte er mit der Bezeichnung »Seldwyla« für die niederbrennende Stadt? Warum hat Frisch in der Bühnenfassung den Titel verkürzt (das Hörspiel hieß noch: »*Herr* Biedermann und die Brandstifter«)?

5. Sind die auftretenden Figuren eher »Typen« oder »Charaktere«? Informieren Sie sich über den Unterschied zwischen »Typenkomödien« und »Charakterkomödien« in der deutschen und europäischen Literatur, z. B. bei Molière. Kennzeichnen Sie den Ort, den Frischs Stück hier einnimmt, sofern eine Zuordnung überhaupt möglich ist.

6. Schlagen Sie die Begriffe »Tragödie«, »Komödie« und »Tragikomödie« nach. Schreiben Sie drei verschiedene Begründungen:
– *Biedermann* ist eine Tragödie, weil …
– *Biedermann* ist eine Komödie, weil …
– *Biedermann* ist eine Tragikomödie, weil …

7. Wägen Sie aufgrund Ihrer Ergebnisse ab, welcher Begriff am ehesten zutrifft. Ziehen Sie dazu Dürrenmatts Diktum (S. 5) heran.

8. Analysieren Sie die wechselseitigen Beziehungen zwischen den auftretenden Personen und halten Sie fest, welche hierarchischen Strukturen bestehen.

9. Entwerfen Sie in Form einer Zeichnung ein Bühnenbild und begründen Sie Ihre Ideen. Wie lässt sich die Synchronie (Gleichzeitigkeit von oben und unten) am besten realisieren?

10. Untersuchen Sie die Dialoge zwischen Schmitz und Biedermann. Warum setzt Biedermann sein Vorhaben, den Eindringling an die Luft zu setzen, nicht um?

11. Erläutern Sie, wie Schmitz trotz seiner Unterwürfigkeit auch Gefährlichkeit ausstrahlt.

12. Stellen Sie Biedermanns Verhalten gegenüber Schmitz und sein gleichzeitiges Verhalten gegenüber Knechtling bzw. dessen Witwe in einer Tabelle dar.

13. Welche Rolle spielt der Chor? Informieren Sie sich über die Funktion des Chors in der Antike. Warum wird der Chor im Drama der Neuzeit, bis auf wenige Ausnahmen, als entbehrlich erachtet?

14. Worin besteht die Gemeinsamkeit und der Unterschied zwischen dem Chor und der ihm zufallenden Rolle einerseits und wirklichen Feuerwehrleuten andererseits?

15. Untersuchen Sie die Sprache des Chors und grenzen Sie sie gegenüber der ›Alltagssprache‹ der anderen Figuren ab. Welche Stilbrüche ergeben sich dadurch? Und inwiefern finden sich auch in der Ausdrucksweise des Chors selbst Stilbrüche?

16. Frisch hat sein Stück als »Parabel« bezeichnet. Was bedeutet dieser Begriff? Grenzen Sie ihn von ›Fabel‹ und ›Gleichnis‹ ab. Was ist diesen Begriffen gemeinsam? Ziehen Sie insbesondere die Parabelstücke Brechts zu Ihrer Erklärung heran. Als gutes Beispiel eignet sich *Der kaukasische Kreidekreis.*

17. Welche Möglichkeiten zur Übertragung ergeben sich aus dem historischen Kontext, in dem der Stoff entstanden ist? Informieren Sie sich über die Ereignisse in der Tschechoslowakei 1948, die Frischs Tagebuch im Zusammenhang mit seiner *Burleske* erwähnt.

18. Inwiefern scheint es Ihnen gerechtfertigt, in dem Stück auch eine Parabel der Machtergreifung Hitlers zu sehen?

Informieren Sie sich auch hierzu über den historischen Kontext. Wer sind dann die Brandstifter, wem entspräche Biedermann?

19. Frisch hat mit dem Dr. phil. die Rolle des Intellektuellen karikiert. Wie wird er dargestellt? Welche Absichten hat er? In welchem Verhältnis steht er zu den Brandstiftern? Warum gelingt es ihm nicht, sie zu dominieren, obwohl er doch geistig weit über ihnen steht?

20. Warum zünden die Brandstifter Häuser und Städte an? Führen Sie mögliche politische oder soziale Gründe an und diskutieren Sie sie auf dem Hintergrund der Aussage des Dr. phil.: »Die machen es aus purer Lust!« (83).

21. Welche sozialrevolutionären Implikationen lässt das Stück zu? Untersuchen Sie dazu die Reden Schmitz' und Eisenrings sowie des Dr. phil. Kann man sie als kommunistische Revolutionäre bezeichnen, die die ›Bourgeoisie‹, vertreten durch Biedermann, bekämpfen wollen?

22. Welche literarischen Anspielungen werden für den Mummenschanz (Szene 6) verwendet? Welche Funktion haben sie, insbesondere die *Jedermann*-Anspielung?

23. Untersuchen Sie die Dialogführung zwischen Biedermann und den Brandstiftern. Erläutern Sie insbesondere die Stellen, an denen es zu sprachlichen Missverständnissen kommt, warum die Gesprächspartner aneinander vorbeireden.

24. Es gibt durchaus bewusst herbeigeführte Missverständnisse. Beispiel: »SCHMITZ Wer hätte gedacht, ja, wer hätte gedacht, daß es das noch gibt! Heutzutage. BIEDERMANN Senf? SCHMITZ Menschlichkeit« (19). Welche Wirkung entsteht durch eine derartige Dialogführung?

25. Arbeiten Sie heraus, warum Biedermann den beiden die Wahrheit nicht abnehmen will, obwohl sie doch immer offensichtlicher wird und die Verbrecher auch gar kein Hehl daraus machen, sie zu verbergen? Analysieren Sie in diesem Zusammenhang die zentrale Textstelle, in der Eisenring behauptet, die nackte Wahrheit sei die beste Tarnung, weil sie niemand glaube (Text S. 54).

26. Welche Bedeutung nimmt innerhalb der Handlung die Übergabe der Streichhölzer an die beiden Brandstifter ein?

27. Analysieren Sie Frischs Aussage (1978): »Ich finde diesen Gottlieb keinen Bösewicht.«

28. Informieren Sie sich, zum Beispiel in *EuD* oder im Internet, über die Rezeption des Stückes. Zeigen Sie an markanten Beispielen auf:
- die literarische Rezeption;
- die Rezeption des Stückes (Titels) in redensartlicher Verwendung.

29. Warum ist das Stück im Schultheater bis heute beliebt und wird immer wieder aufgeführt? Schreiben Sie in einem Offenen Brief (etwa an Ihren Schulleiter / Ihre Schulleiterin oder an den Leiter / die Leiterin der Theater-AG Ihrer Schule), warum Sie dafür plädieren, den *Biedermann* als nächstes Stück aufzuführen.

10. Lektüretipps/Filmempfehlungen

Textausgaben

Die Erstausgabe des Theaterstücks erschien 1958 im Suhrkamp Verlag, Frankfurt a. M.:

Max Frisch: Biedermann und die Brandstifter. Ein Lehrstück ohne Lehre. (Mit einem Nachspiel.). Ab der 14. Auflage (1973) wurde das Nachspiel weggelassen. – *Nach dieser Ausgabe (edition suhrkamp. 41), seitdem unverändert nachgedruckt, wird in dem vorliegenden »Lektüreschlüssel« zitiert.*

Die *Burleske* erschien zuerst in:

Tagebuch 1946–1949. Frankfurt a. M.: Suhrkamp, 1950. Neuauflage 1991, S. 281–289.

Das Hörspiel ist zuerst in einer Einzelausgabe des Hamburger Hans-Bredow-Instituts in der Reihe *Hörwerke der Zeit* als Nr. 2 erschienen (o. J. [1958]).

Beide ›Vorstufen‹ sowie das *Nachspiel* sind heute am leichtesten zugänglich in der Gesamtausgabe der Werke Max Frischs im Taschenbuch:

Max Frisch: Gesammelte Werke in zeitlicher Folge. 7 Bde. Hrsg. von Hans Mayer unter Mitw. von Walter Schmitz. Jubiläumsausgabe. Frankfurt a. M.: Suhrkamp, 1986. (suhrkamp taschenbuch. 1401–1407.)

Textidentisch mit dieser Ausgabe ist die so genannte Werkausgabe in der edition suhrkamp:

Max Frisch: Gesammelte Werke in zeitlicher Folge. Werkausgabe edition suhrkamp in zwölf Bänden. Frankfurt a. M.: Suhrkamp, 1976, ergänzt um einen 13. Band 1986. Die Texte finden sich dort wie folgt:

Burleske: Jubiläumsausgabe, Bd. II,2 (= Werkausgabe, Bd. 4), S. 556–561.
Herr Biedermann und die Brandstifter. Hörspiel: Jubiläumsausgabe, Bd. IV,2 (= Werkausgabe, Bd. 8), S. 275–324.
Biedermann und die Brandstifter. Mit einem Nachspiel: Ebda., S. 325–390; *Nachspiel:* S. 391–416.

Hörspiel und Bühnenfassung finden sich auch in einer anderen Taschenbuchausgabe:
Max Frisch: Stücke 2. Frankfurt a. M.: Suhrkamp, 1973. (suhrkamp taschenbuch. 81.)
Eine weitere Einzelausgabe, auf deren ausführliches Nachwort gelegentlich zugegriffen wurde, ist vor kurzem ebenfalls bei Suhrkamp erschienen:
Max Frisch: Biedermann und die Brandstifter. Ein Lehrstück ohne Lehre. Mit einem Kommentar von Heribert Kuhn. Frankfurt a. M. 2002. (Suhrkamp BasisBibliothek. 24.)

Zwei andere wichtige Veröffentlichungen von Max Frisch zu Fragen der Literatur und des Theaters, aber auch zu allgemeinen kulturellen Fragen, sind ebenfalls als Einzelausgaben im Taschenbuch zugänglich:
Max Frisch: Öffentlichkeit als Partner. Frankfurt a. M.: Suhrkamp, 1967. (edition suhrkamp. 209.)
Horst Bienek: Werkstattgespräche mit Schriftstellern. München: Deutscher Taschenbuch Verlag, 1965. [Darin: Gespräche mit Max Frisch: S. 23–37.]

Sekundärliteratur

Die Entstehungsbedingungen sowie die jeweiligen Lebensverhältnisse werden anschaulich dokumentiert in den folgenden Einführungen und Gesamtdarstellungen:

Hage, Volker: Max Frisch. Mit Selbstzeugnissen und Bilddokumenten. Reinbek bei Hamburg. Überarb. Neuausg. 1997.

Müller-Salget, Klaus: Max Frisch. Literaturwissen für Schule und Studium. Stuttgart 1996. (Reclams Universal-Bibliothek. 15210.)

Petersen, Jürgen H.: Max Frisch. 2., erw. u. verb. Aufl. Stuttgart 1989. (Sammlung Metzler. 173.)

Stephan, Alexander: Max Frisch. München 1983. (Autorenbücher. 37.)

Materialien und Erläuterungen zu dem ›*Biedermann*-Komplex‹

Da das Stück als Schullektüre sich nach wie vor großer Beliebtheit erfreut, gibt es auch eine große Zahl von Handreichungen und Interpretationshilfen für Schüler. Grundlage für eine intensive Beschäftigung mit dem *Biedermann* und seinen verschiedenen Entstehungsstufen (dem so genannten ›Biedermann-Komplex‹) sollte der Reclam-Band *Erläuterungen und Dokumente* sein. Dieser Band, der im Text des vorliegenden Lektüreschlüssels bzw. den Anmerkungen mit *EuD* abgekürzt zitiert wird, enthält eine Fülle von Wort- und Sacherklärungen, Dokumenten und Ausschnitten zur Entstehungs- und Wirkungsgeschichte sowie Auszüge zur Interpretation sowohl des Gesamtwerkes wie einzelner

Aspekte. In dem Band finden sich auch weitere Literaturhinweise:

Springmann, Ingo: *Max Frisch: Biedermann und die Brandstifter. Erläuterungen und Dokumente.* Stuttgart 1995. (Reclams Universal-Bibliothek. 8129.)

Sehr hilfreich ist auch:

Schmitz, Walter (Hrsg.): Materialien zu Max Frisch: *Biedermann und die Brandstifter.* Frankfurt a. M. 1979. (suhrkamp taschenbuch. 503.)

Aus der Fülle der Einzelinterpretationen seien besonders hervorgehoben:

Biedermann, Marianne: Das politische Theater von Max Frisch. Lampertheim 1974. (Theater unserer Zeit. 13.) Darin: S. 13–51. [2. Auflage u. d. T.: Zum ›politischen‹ Theater von Max Frisch um Wahrhaftigkeit und Verantwortung. Rheinfelden/Berlin 1991.]

Brewer, John T.: Max Frischs *Biedermann und die Brandstifter* als Dokument der Enttäuschung eines Autors. In: Walter Schmitz (Hrsg.): Über Max Frisch II. Frankfurt a. M. 1976. (edition suhrkamp. 852.) S. 281–293.

Herms, Dieter: Max Frisch: *Biedermann und die Brandstifter.* In: Manfred Brauneck (Hrsg.): Das deutsche Drama vom Expressionismus bis zur Gegenwart. Interpretationen. Bamberg 1977. S. 250–257.

Jurgensen, Manfred: Max Frisch. Die Dramen. Bern 1968. S. 66–79.

Petersen, Jürgen H.: Max Frischs *Biedermann und die Brandstifter.* In: Winfried Freund (Hrsg.): Deutsche Komödien. Vom Barock bis zur Gegenwart. München 1988. (UTB. 1498.) S. 255–266.

Schmitz, Walter: Max Frisch: *Biedermann und die Brand-*

stifter. Bürgerliche Gesellschaft ohne Werte. In: Dramen des 20. Jahrhunderts. Interpretationen. Bd. 2. Stuttgart 1996. (Reclams Universal-Bibliothek. 9461.) S. 45–70.

Bibliographien

Wer über das ausführliche Literaturverzeichnis in *EuD* hinaus weitere Literatur zu Frisch oder speziell dem Biedermann-Komplex sucht, wird fündig werden in:

Stephan, Alexander: Max Frisch. In: H. L. Arnold (Hrsg.): Kritisches Lexikon der deutschsprachigen Gegenwartsliteratur. München 1978. (30. Nachlieferung 1988; wird ständig aktualisiert.)

Eine ausführliche und kommentierte Auswahlbibliographie findet sich zudem in dem Band:

Walter Schmitz (Hrsg.): Materialien zu Max Frisch: *Biedermann und die Brandstifter* (s. o.), S. 303–317.

Hörspielfassung und Fernsehverfilmung

Die **Hörspielfassung** (Tonaufzeichnung) ist bei den jeweiligen Landesbildstellen erhältlich.

Eine **Fernsehproduktion** von Radio Bremen entstand 1966, für die Max Frisch eigens eine neue Fassung seines Stückes schrieb. (Erstausstrahlung am 16. April 1967.) In einem Interview, das die Handlung einrahmt, nimmt Herr Biedermann nach der Katastrophe zu seinem eigenen Schicksal Stellung. Anlässlich seines 10. Todestages wurde Max Frisch im Zeitraum vom 3. April bis zum 3. Mai 2001 auf 3sat mit einem besonderen Programmschwerpunkt gewürdigt. Radio Bremen leistete mit *Biedermann und die Brandstifter* am 21. April seinen Beitrag dazu. Das fast 35 Jahre alte Filmmaterial, noch in Schwarz-Weiß gedreht, wurde technisch aufwändig aufbereitet. Es spielten Siegfried Lowitz, Bruni Löbel, Ruth Drexel, Herbert Bötticher u.a. unter der Regie von Rainer Wolffhardt.

Anmerkungen

1 Friedrich Dürrenmatt, *Theaterprobleme* [1955], zitiert nach: *Dokumente zu Friedrich Dürrenmatt »Die Physiker«*, Stuttgart 1971 (Arbeitsmaterialien Deutsch), S. 11.
2 Max Frisch, *Öffentlichkeit als Partner* (s. S. 77), S. 77.
3 Horst Bienek, *Werkstattgespräche* (s. S. 77), S. 32.
4 »Burleske (von ital. *burla* = Scherz, *burlesco* = scherzhaft), 1. die Aussageweise derbkomischer Verspottung und der Verzerrung zur possenhaften Karikatur. [...] 2. kleines derbkomisches Lust- oder Possenspiel mit karikaturistischer Übertreibung [...]« (Gero von Wilpert, *Sachwörterbuch der Literatur*, 6. verb. u. erw. Aufl., Stuttgart 1979, Kröners Taschenausgabe, 231, S. 123).
5 Max Frisch, *Wer sind die Brandstifter?* (1978), zitiert nach: *EuD*, S. 74.
6 Ebda.
7 Martin Esslin, *Das Theater des Absurden* (1965), zitiert nach: *EuD*, S. 74f.
8 Zitiert nach: *EuD*, S. 68.
9 Vgl. Theodor Pelster, *Lektüreschlüssel, Max Frisch, »Homo faber«*, Stuttgart 2001 (Reclams Universal-Bibliothek, 15303), S. 46.
10 Vgl. Ludwig Eichrodt, *Biedermeiers Liederlust. Lyrische Karikaturen*, Stuttgart 1981 (Reclams Universal-Bibliothek, 7717), Nachw. von Werner Kohlschmidt, S. 153–167, v. a. S. 157.
11 Frisch, *Gesammelte Werke* (s. S. 76), Bd. IV,2, S. 286.
12 Bertolt Brecht, *Zur Theorie des Lehrstücks*, in: *Gesammelte Werke*, Bd. 17, Frankfurt a. M. (Werkausgabe edition suhrkamp), S. 1024.
13 Die *Burleske* ist u. a. zugänglich in: *EuD*, S. 19–25; über den Begriff »Burleske« s. o. Kap. 1 und Anm. 4.
14 *EuD*, S. 19.
15 Ebda., S. 25.
16 Zitate nach: Max Frisch, *Gesammelte Werke* (s. S. 76).
17 Horst Bienek, *Werkstattgespräche* (s. S. 77), S. 32.
18 Zitiert nach: Max Frisch, *Biedermann und die Brandstifter. Text und Kommentar*, Frankfurt a. M. 2002 (Suhrkamp BasisBibliothek, 24), S. 123.

19 Eine ausführliche Analyse der literarischen Anspielungen liefert Hans Bänziger: »Fuchs, du hast die Gans gestohlen …«, in: *Materialien* (s. S. 79), S. 209–223.
20 Über die politischen Implikationen s. Kap. 6: Interpretation.
21 Aus Kellers Einleitung zum ersten Band 1856; zitiert nach: *EuD*, S. 33.
22 Die berühmte Sentenz vom »Theater als moralische[r]Anstalt« hat Schiller formuliert; vgl. Friedrich Schiller: »Was kann eine gute stehende Schaubühne eigentlich wirken?« (1784), späterer Titel: »Die Schaubühne als eine moralische Anstalt betrachtet«, in: Friedrich Schiller, *Werke*, hrsg. von Herbert G. Göpfert, Bd. 2, München 1966, S. 719–729.
23 *Gesammelte Werke* (s. S. 76), Bd. V, S. 477.
24 Zitiert nach: *EuD*, S. 25.
25 Ebda., S. 24.
26 Rezension von Erich Schenke (1963), zitiert nach: *EuD*, S. 57.
27 Hinweis bei Heribert Kuhn (Nachwort zur Ausgabe des *Biedermann* in der Suhrkamp BasisBibliothek [s. Anm. 18]), S. 133 f.
28 Hellmuth Karasek, *Max Frisch*, Velber bei Hannover 1966, S. 75.
29 In der Übersetzung Friedrich Hölderlins, zitiert nach: *EuD*, S. 39.
30 Zitiert nach: www.alter-migration.ch/fachthemen.
31 Herbert Ihering (1958), zitiert nach: *EuD*, S. 68.
32 Karl Korn (1958), zitiert nach: *EuD*, S. 68.
33 Max Frisch, *Wer sind die Brandstifter?* (1978), zitiert nach: *EuD*, S. 74.
34 Karl Korn (s. Anm. 32), S. 68.
35 www.berliner-ensemble.de.
36 www.fkoester.de/biedermann.
37 Nachweis in: *Öffentliche Sicherheit*. Das Magazin des [österreichischen] Innenministeriums, Nr. 07/08, Juli/August 1998.
38 www.wsws.org/de.

Raum für Notizen

Lektüreschlüssel

machen Schluss mit der mühsamen Suche nach Informationen zu literarischen Werken

helfen bei der Vorbereitung von Unterrichtsstunden, Hausarbeiten, Referaten, Klausuren und Abitur

informieren über Autor, Werk und dessen Rezeption

enthalten Wort- und Sacherläuterungen

bieten Interpretationen und Fragen zur Verständniskontrolle

können auch als PDF heruntergeladen werden
www.reclam.de »» Download

Alles, was man für die Schule wissen muss

in verständlicher Sprache

knapp, in klar gegliederten Texteinheiten

kompetent – verfasst von erfahrenen Schulpraktikern

in lesefreundlichem Layout

Das komplette Programm und Detailinformationen zu jedem Titel recherchieren und bestellen unter
www.reclam.de

Reclam